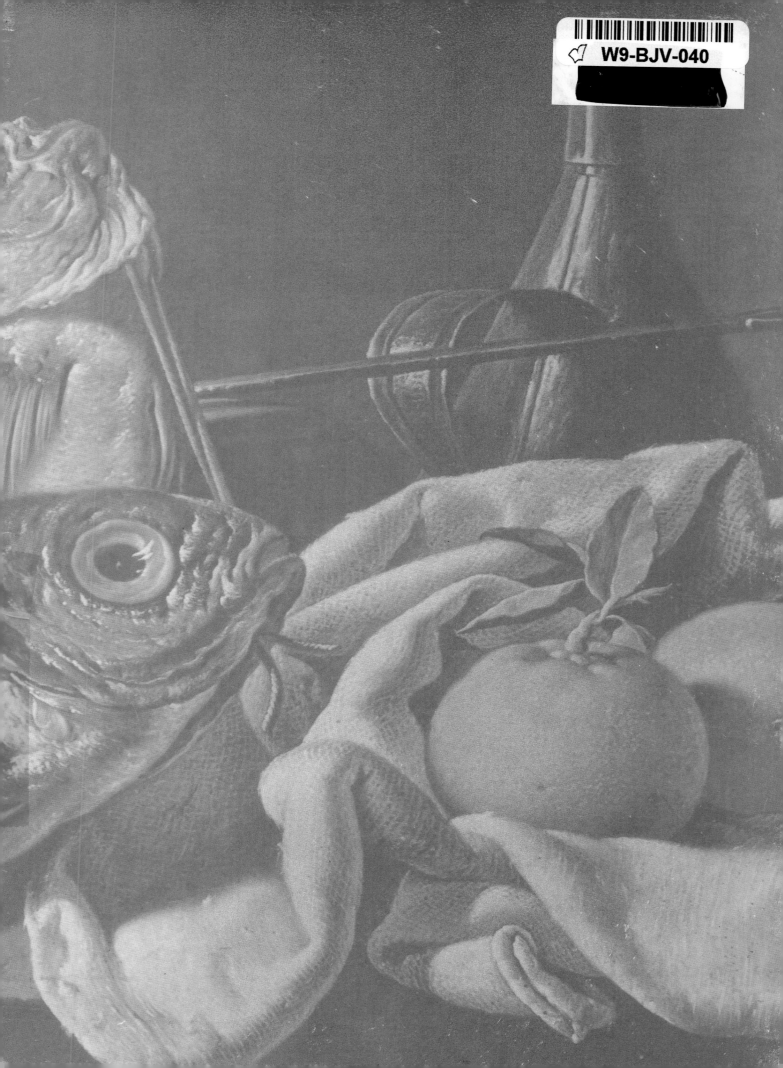

la cocina de

México

Pescados
y mariscos

ISBN: 84-96249-00-X
Depósito Legal: M. 35.124-2003

© Dastin Export, S. L.
Calle M, número 9, Polígono Industrial Európolis, 28230 Las Rozas (Madrid)
Teléfono (+ 34) 91 637 52 54-36 86
Fax: (+ 34) 91 636 12 56
E-Mail: dastinexport@dastin.es
www.dastin.es

Impreso en Cofás, S. A.
Composición y fotomecánica: IRC, S. L.

Impreso en España - Printed in Spain

Contenido

Pescados

Mariscos

Introducción

Con dos millones de kilómetros cuadrados de territorio, México podría considerarse un país privilegiado. Rodeado por mar, salvo en sus fronteras norte (Estados Unidos) y sur (Guatemala y Belice), podría ser muy bien una isla, con diez mil kilómetros de costas. No lo es, lo sabemos, pero podría vivir de cara al mar e intentar sacarle más provecho del que actualmente obtiene. ¿No es un derroche que esto sea así, cuando otros países desearían contar con la riqueza marina de México? ¿Desaprovecha el país estos enormes recursos naturales? Al mar no hay que mirarle sólo por lo que puede hacer por el turismo, hay que mimarle y sacarle beneficios.

Hay que recordar que detrás de Cancún está la posibilidad de comer con pescados y mariscos al estilo regional de Quintana Roo o Yucatán. En esta zona los mariscos juegan un papel importante, sobre todo en la zona norte. Tierra adentro, en la espesura de la selva, es posible saborear platillos de la fauna acuática, porque se aprovechan más de cuarenta y cinco lagunas, cenotes, esteros y el río Hondo.

Al otro extremo, en la península de Baja California, se captura la anchoveta, el atún, la sardina, la macarela, el pirel, la barracuda, el dorado, el ostión, el camarón y el abulón. La península tiene la ventaja de tener, al poniente, el Pacífico, y al oriente, el golfo de Cortés, con sus mil especies marinas. En Veracruz, en el golfo de México, se pescan y se comen el huachinango, los pulpos y calamares, las jaibas y los tamales de pescado. Por el Pacífico sur, en el litoral de Oaxaca, se captura camarón, langosta, atún o bonito.

Habría que acabar de una vez por todas con el mito de que los mexicanos no comen pescado y son más bien asiduos clientes de la imprescindible tortilla de maíz, base de la alimentación de México, junto con el frijol o el chile.

En efecto, el maíz supone para los mexicanos lo mismo que el trigo para los europeos o el arroz para los asiáticos; no podrían vivir sin ese alimento. Aún más, históricamente están ligados a esa cultura. Pero eso no significa que la tortilla esté reñida con los pescados y los mariscos; al contrario, suponen un rico y variable acompañante.

La comida mexicana tiene un gran prestigio internacional y goza de una gran personalidad, cimentada a lo largo de su historia. Su vasto territorio nos ofrece no sólo climas y altitudes distintas que han ido creando al ser (el mexicano), sino que éste se ha adaptado a lo que la naturaleza le ha ofrecido. Y si no se ha querido o no se ha podido, no será por culpa de terceros, porque el ancho mar, repetimos, 10.000 kilómetros de costas o esteros, manantiales, ríos o lagunas están a la disposición de los mexicanos. Tenochtitlán, por ejemplo, se construyó sobre el lago de Texcoco y allí se pescaba. ¿No sabemos que al emperador azteca Moctezuma los indios le traían del golfo de México, a base de relevos, el pescado fresco recién capturado?

Los pescados y los mariscos son fuentes de energía para el hombre y, como ha escrito Fernando Sánchez Mayans, «la suculencia, el refinamiento, la variedad y el placer sustentan la fama de la cocina mexicana». Esto es así en nuestra época, y ya lo era también hace más de quinientos años.

Los conquistadores españoles se sorprendieron con el zoológico que tenía Moctezuma en Chapultepec. Para ellos era algo novedoso, porque en Europa no existían. El emperador Moctezuma tenía suntuosas estancias y además los aztecas contaban con una rica cocina, si leemos a Bernal Díaz del Castillo, cuando en *La Historia Verdadera de la Conquista de la Nueva España* escribió: «Guisaban sus cocineros sobre más de trescientos platos...». Y continúa: «... cotidianamente le guisaban gallinas, gallos de papada, faisanes, perdices de tierra, pajaritos de caña y palomas y liebres, y muchas maneras de aves y cosas que se crían en estas tierras, que son tantas que no acabaré de nombrar».

Sorprendidos así mismo los conquistadores con los mercados mexicanos, como el de Tlatelolco, los tianguis que han heredado los mexicanos de nuestra época son formidables fuentes de riqueza gastronómica. Es verdad que luego la cocina indígena se mezcló con la española y nació una gastronomía mestiza, pero desde entonces también se comía pescado y marisco. ¿No se ha heredado, en las zonas altas del altiplano de México, una simbología marina, con caracoles o conchas? Por otro lado, las temporadas óptimas para la pesca las imponían las fiestas mensuales. Los mayas de Yucatán celebraban una fiesta en honor a sus pescadores a finales de septiembre: «tenían costumbre, después de que habían hecho la fiesta en los pueblos, irla a hacer a la costa de los señores y mucha gente, y allá hacían muchas pesquerías y regocijos, y llevaban gran recado de trasmallos y de sus redes y anzuelos y otras industrias con que pescan», relata fray Diego de Landa, en su *Relación de las cosas de Yucatán*.

Las crónicas de entonces dan cuenta de la gran cantidad de peces que se capturaban en las costas marinas, como la lisa, la mojarra, el lenguado, el pulpo o la mantarraya, el manatí, las tortugas «y un extraño animal llamado mex, que podría ser –afirman Fernán González de la Vara y Yoko Sugiura– el crustáceo conocido actualmente como cangrejo cacerola, pariente moderno de los extintos trilobites».

De acuerdo con el medio natural del país, es verdad que los mexicanos más próximos a las costas están más cerca de la influencia gastronómica del pescado o el marisco, pero un país moderno no debería hacer tales distinciones. Debería comerse tanto o más pescado en los litorales como en el altiplano, en el desierto o en la selva. No están los mexicanos tan lejos del mundo acuático, como para darle la espalda a un mundo tan fascinante y rico en proteínas. Una dieta equilibrada sería impensable si no se incluye el pescado o el marisco. No se trata de eliminar cierto tipo de comida; los mexicanos seguirán comiendo tortilla y frijol, ya sea de pueblo o de ciudad, viva en la montaña o en la costa, rico o pobre. Hay que sumar, no restar.

¿Son los pescados y los mariscos un alimento de importación en México? Cualquier gobierno mexicano tiene la obligación de procurar fomentar el uso cotidiano de dietas a base de pescados y mariscos, incentivar proyectos industriales, cooperativas, mejorar las redes de distribución, impulsar la construcción de barcos, modernizar puertos, crear fábricas de empacadoras, eliminar burocracia, difundir la cocina mexicana en el extranjero, crear intercambios culturales gastronómicos entre cocineros mexicanos y de otros países, enseñar la cocina en las escuelas, impulsar campañas a favor de la importancia de la riqueza marina de México o firmar acuerdos de cooperación con países punteros en materia pesquera.

Por otra parte, hay muchas formas de preparar un plato de pescado o marisco gracias a los ostiones, los callos de hacha, los mejillones, los calamares, los pulpos, los huachinangos, las sardinas, los robalos, el bacalao, las almejas, el bonito, las lisas, las jaibas, los langostinos, las sierras, los camarones, las langostas o las mojarras, entre otros. La diferencia radica en la región; un pescado en Puerto Vallarta no será el mismo si se cocina en Los Cabos; el ceviche de pescado tendrá un planteamiento diferente si se prepara en Veracruz o Campeche o la Ciudad de México. En Veracruz se cocinan besugos a la parrilla, con mantequilla o a la «veracruzana» con un refrito de tomate, cebollas, aceitunas, alcaparras y chile. En Jalisco se preparan camarones en salsa de flor de calabaza, mientras en Baja California se deleitan con el pez espada al horno, o se le hacen honores al pescado blanco de Pátzcuaro, en Michoacán.

Diez mil kilómetros de costas mexicanas de diversas características, aguas frías, cálidas o templadas; mar extremadamente vigoroso o tranquilo, o ni una cosa ni otra, un mar intermedio. Litoral que besa playas desiertas o habitadas, que abraza directamente la selva que llega al mar o la roca de la montaña inexpugnable. Además de la riqueza de sus fondos marinos, el paisaje invita también al descanso y a una buena comida junto al mar o en la gran ciudad del altiplano. A pesar de esta belleza, no todo lo que reluce es oro. México está configurado como si fuera un papel arrugado. Ésa es una barrera infranqueable para cualquier política alimentaria que intente siquiera, en los puntos más recónditos, dar una pincelada a una cocina que encontrará fuerte resistencia frente a la tortilla o el frijol. Pero será una batalla que debe darse, incluso a costa de cualquier fracaso. México con sus costas, bellísimas costas y ricos caladeros, tiene que enseñar a comer y a pescar a su gente. Aún más de lo que hace, porque ahí donde se comen chilaquiles, también se puede gozar con una buena mojarra al mojo de ajo; allá donde se come cabrito, se puede vender con igual fervor un huachinango a la veracruzana. Donde cabe un mole poblano, entra también un pulpo; donde se hace gala de una birria, puede hacerse lo mismo con un bacalao a la vizcaína o al pil-pil; donde se prepare una carne a la tampiqueña puede disfrutarse de un escabeche de róbalo o una almejas o unas jaibas rellenas.

No es una lucha perdida la búsqueda de una dieta mexicana que incluya pescado y marisco. No se puede seguir dando la espalda al mar. Pescar para exportar es buen negocio, pero mala operación para la dieta del mexicano.

BACALAO A LA CAMPECHANA

4 personas   90 minutos + 1 día   Dificultad: media

*Ingredientes: l/4 kg de bacalao • 1/8 de litro de aceite • 2 pimientos morrones
1/2 kg de papas • 2 chiles anchos hervidos con sal para quitarles el picante
2 jitomates • 1 cebolla • 2 dientes de ajo.*

Se corta el bacalao en trozos; seco, después de puesto un día en remojo ya cortado, se fríe en el aceite, añadiéndole 100 gramos de manteca,

1/4 kilo de jitomate asado, pelado y picado; una cebolla asada muy picada y cinco palmitas de perejil, también picado. Se muelen dos dientes de

ajo asado, 20 pimientas de Castilla y el chile ancho después de haber sido despepitado, hervido con sal y disuelto en una cucharada de vinagre.

Se fríen los trozos de bacalao en aceite, añadiéndole unos 100 gramos de manteca.

Tras añadir la manteca, incorporamos también el jitomate asado, pelado y picado en trocitos.

Agregamos después una cebolla asada y unas ramitas de perejil, todo ello picado.

Para terminar, añadimos ajo, pimienta y un chile ancho hervido antes y disuelto en vinagre.

CEVICHE A LA ACAPULQUEÑA

4 personas   6 horas   Dificultad: baja

*Ingredientes: 1 pez de sierra • 3 jitomates • 6 limones • 1 cebolla • 1 chile jalapeño
12 aceitunas • 1 cucharada de alcaparras • 1 chile chipotle • 1/2 taza de jugo
de jitomate • 1 cucharada de salsa inglesa • 1 cucharada de orégano en polvo
1 cucharada de pimienta negra molida • 3 cucharadas de vinagre • 4 cucharadas
de aceite de oliva • 2 aguacates • Sal • Unas ramitas de cilantro y perejil.*

El pescado se limpia, se lava, se le quita la piel y las espinas y se corta a cuadritos de un centímetro. Se exprimen los limones y en el jugo se introduce el pescado, salpimentado, dejándolo macerar durante seis horas, moviéndolo varias veces para que tome bien el sabor. Se pelan los jitomates, se retiran las semillas y se pican; la cebolla se desflema y se pica, como el jalapeño, las aceitunas, el perejil y el cilantro y el chipotle.

Se mezclan las alcaparras, la salsa inglesa, el jugo de jitomate, el orégano, el vinagre, el aceite y el jugo de naranja. Todo ello se mezcla con el pescado, previamente escurrido. Se sirve en copas, con los aguacates en rajas.

Se deja macerar seis horas el pescado cortado en cuadraditos, salpimentado y con jugo de limón.

Se prepara la salsa de jitomates con el resto de ingredientes; se mezcla con el pescado escurrido.

MOJARRAS EN ESCABECHE

4 personas   45 minutos   Dificultad: baja

*Ingredientes: 4 mojarras • 2 dientes de ajo • 4 cucharadas de aceite • Una cebolla
6 chiles carrizillos • 2 zanahorias • 2 limones • 1 cucharada de orégano
1 cucharada de alcaparras • 1/2 taza de aceitunas • 4 cucharadas de vinagre
Aceite • Harina • Sal y pimienta.*

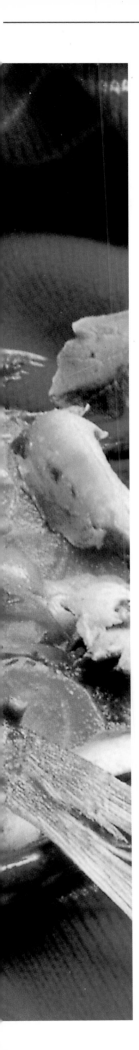

Limpiamos las mojarras. Las mantenemos durante dos horas en jugo de limón, sal y pimienta negra molida. Finalmente, las enharinamos y freímos; las dejamos escurrir y las cubrimos con la salsa.

Elaboración de la salsa
Se acitrona la cebolla rebanada. Se añaden las zanahorias a rodajas, el vinagre, las aceitunas, el orégano, las alcaparras, el jugo de los carrizillos. Hervimos unos minutos. Se sirve adornando con los carrizillos, aguacates y rabanitos.

Preparamos los ingredientes.

21

 # TORTITAS DE BACALAO

4 personas   45 minutos + 1 día   Dificultad: media

Ingredientes: 1/4 kg de bacalao • 1 cucharada de perejil picado • 1 cucharadita de cebolla picada • 3 cucharadas de pan molido • 2 huevos • 4 cucharadas de aceite o manteca.

Se pone a remojar el bacalao, desde la víspera, cortado en pedazos; al día siguiente se tira ese agua y se pone a cocer en agua limpia.
Ya cocido, se desmenuza y se le revuelven la cebolla, el perejil y el molido. Los huevos se baten como para capear y se fríe todo bien doradito.

Preparamos los ingredientes.

TOSTADITAS TURULAS

6 personas   **45 minutos**   **Dificultad: media**

Ingredientes: PARA LA MASA: 650 g de masa fresca o su equivalente hecho con harina de maíz • 1/3 de taza de agua caliente • 1/2 taza de aceite vegetal o manteca • 1/2 cucharadita de sal.
LOS CAMARONES: 32 camarones pequeños secos, sin cáscara ó 32 camarones de pacotilla frescos.
PARA LA SALSA: 1 cebolla blanca pequeña, finamente picada • 2 tomates pelados y finamente picados • 2 ó 3 chiles serranos finamente picados • 2 cucharadas de cilantro finamente picado • 1/4 taza de orégano fresco ó 3/4 de cucharada de orégano seco • Sal al gusto • Jugo de 1 limón.

Para elaborar la masa, ponemos la masa en un tazón y agregamos agua, aceite y sal. Amasamos mucho durante tres minutos. Calentamos un comal o parrilla durante 20 minutos y preparamos la prensa para tortilla. Formamos 24 bolitas de tres centímetros de diámetro y hacemos las tortillas. Cocemos en el comal hasta que se tuesten. Las conservamos calientes.

Para preparar los camarones: si son secos y están salados, los remojamos 10 minutos en agua fría. Escurrimos bien y dejamos a un lado.

Para hacer la salsa: ponemos cebolla, tomate, chiles y cilantro en un tazón. Revolvemos y condimentamos con orégano y sal. Agregamos el jugo de limón.

Para arreglar las tostaditas, ponemos los camarones encima y los bañamos con salsa de tomate. Serviremos tres tostadas en cada plato.

Preparamos los ingredientes.

HUACHINANGO A LA CAMPECHANA

4 personas   45 minutos   Dificultad: media

Ingredientes: 1 huachinango • 1 cebolla • 4 jitomates • Un tarro de chiles jalapeños en vinagre • 2 chiles jalapeños • Una cucharada de vinagre • Media taza de aceite Media taza de vino blanco • 2 dientes de ajo • Orégano • Laurel • Tomillo Caldo concentrado • Harina • Sal y pimienta.

Bien lavado y seco el pescado, se pasa por harina y se fríe en aceite caliente, por ambos lados, sin dejar que se dore. Se escurre luego sobre papel absorbente. A continuación, se coloca el pescado en un platón y se cubre con la salsa. Adornamos con las aceitunas, los jalapeños, zanahorias y las alcaparras.

Para elaborar la salsa
Se acitrona la cebolla picada, se añaden las hierbas aromáticas, el vinagre, el vino, el jitomate sin piel ni semillas y picado, la sal, el caldo concentrado y el jugo de los jalapeños. Se deja hervir cinco minutos, se retiran las hierbas y se deja enfriar. Este pescado deberá cocinarse un día antes de ser consumido.

Preparamos los ingredientes.

 # SALMÓN CON SALSA DE ALMENDRAS

4 personas   45 minutos   Dificultad: media

Ingredientes: 400 g de salmón • 3 cebollas • 50 g de almendras • Pimentón
Sal • Canela • Pimienta • Aceite.

En una cacerola se cuecen las cebollas con poca agua y aceite, así como un poco de sal. Cuando están bien cocidas, se les añade el salmón cortado en rodajas, las demás especias y las almendras machacadas en el molcajete. Se deja que cueza todo junto hasta que la salsa quede reducida.

Cocemos, con agua, aceite y sal las rodajas de cebolla en una cacerola.

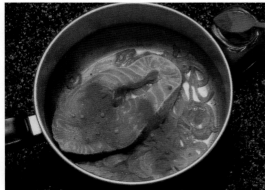

Luego depositamos el salmón sobre ellas y le añadimos pimentón, canela y pimienta.

Machacaremos las almendras y las especias en un mortero, mezclando muy bien todos los ingredientes.

Añadimos la mezcla de almendras y dejamos que cueza todo hasta que la salsa quede muy reducida.

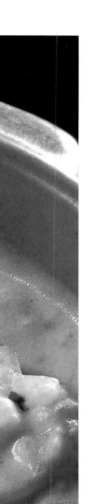

BACALAO CON LECHE

4 personas   **20 minutos**   **Dificultad: media**

*Ingredientes: 400 g de bacalao • Manteca • 1 cebolla • Perejil
Nuez moscada • Harina • Vaso y medio de leche.*

El bacalao, remojado y escurrido, se tiene preparado.
En una cacerola se pone manteca, cebolla picada, un poco de perejil picado y nuez moscada; se echan dos cucharadas de harina para que tueste y se moja con la leche, poco a poco y removiéndolo bien para que no se apelotone. Se deja que dé un hervor y se añade el bacalao, hervido aparte durante unos instantes. Se deja que cueza unos minutos todo junto y se sirve.

Tras tenerlo en remojo doce horas, escurrimos el bacalao y lo hervimos.

Freímos en manteca la cebolla, perejil picado, nuez moscada y harina, hasta que tome color.

Cuando tome color, le agregamos la leche y removemos sin cesar.

Incorporamos finalmente el bacalao escurrido a la salsa y dejamos cocer unos minutos.

31

RÓBALO EN SALSA MARINERA

4 personas · **30 minutos** · **Dificultad: media**

Ingredientes: 600 g de róbalo • 4 jitomates • 4 dientes de ajo
Perejil picado • Aceite • Vino blanco • Sal y pimienta.

El róbalo se corta en cuatro trozos iguales. Los jitomates se escaldan y pelan, luego se despepitan y cortan a pedazos. El perejil y el ajo se pican muy finamente juntos. Hecho esto, se toma una cazuela o fuente que vaya al horno y se rocía el fondo con aceite, cubriéndolo con un lecho de tomate, ajo y perejil. Se colocan encima las ruedas de róbalo, que se cubren con más tomate, ajo y perejil, espolvoreándose con sal y pimienta molida. Se rocía con vino y aceite.

La fuente se pone sobre el fuego, y cuando rompa a hervir la salsa se termina la cocción en el horno. Durante ésta se va regando con la salsa que se va formando, para que se impregnen de su sabor. Se sirve en la fuente en que ha ido al horno.

Cortamos el róbalo en rodajas; pelamos los jitomates y eliminamos las semillas.

Picamos luego muy finamente ajo y perejil, para mezclarlos posteriormente con el tomate.

Rociamos con aceite el fondo de una fuente, colocamos la mitad del picado y colocamos el róbalo.

Finalmente, cubrimos con el resto del picado y procedemos a la cocción hasta que esté hecho.

33

LENGUADO FRITO (EN ADOBO)

4 personas   **15 minutos**   **Dificultad: baja**

Ingredientes: 4 lenguados pequeños ó 2 grandes • Aceite • Sal • Pimienta negra
1 huevo • Pan rallado • Limón.

Se limpian los lenguados, se vacían y lavan, y, si son grandes, se parten en dos trozos.

Se ponen en un adobo de aceite, sal y pimienta negra rallada, teniéndose un buen rato en él. En el momento de servir, se rebozan en huevo y pan rallado, y se fríen en abundante aceite.
Se sirven con rodajas de limón y una ensalada.

Preparamos los ingredientes.

CALAMARES A LA ROMANA

👥 4 personas   🕐 20 minutos   👨‍🍳 Dificultad: baja

Ingredientes: 400 g de calamares chicos
Sal y aceite • Harina • 1 huevo.

Se hierven los calamares en agua salada. Cuando estén blandos, se escurren. Se prepara entonces una papilla con harina, añadiéndole un huevo batido. Se rebozan en ella los calamares y se fríen en aceite abundante y caliente hasta que estén dorados.

Preparamos los ingredientes.

En primer lugar, deberemos hervir los calamares en agua salada abundante.

Cuando estén blandos, se escurren.

Se rebozan los calamares en harina mezclada con un huevo, y se fríen en aceite abundante y muy caliente.

CALAMARES A LA ROMANA

4 personas   20 minutos   Dificultad: baja

Ingredientes: 400 g de calamares chicos
Sal y aceite • Harina • 1 huevo.

Se hierven los calamares en agua salada. Cuando estén blandos, se escurren. Se prepara entonces una papilla con harina, añadiéndole un huevo batido. Se rebozan en ella los calamares y se fríen en aceite abundante y caliente hasta que estén dorados.

Preparamos los ingredientes.

En primer lugar, deberemos hervir los calamares en agua salada abundante.

Cuando estén blandos, se escurren.

Se rebozan los calamares en harina mezclada con un huevo, y se fríen en aceite abundante y muy caliente.

37

ATÚN EN CAZUELA

 4 personas

30 minutos
(+ 1 día)

Dificultad: media

Ingredientes: 1 trozo de atún de 600 g • Aceite • 1 cebolla • 2 dientes de ajo
Hierbas aromáticas • 1 vaso de vino blanco seco • Pan rallado • Sal • Pimienta

Se deja macerar el atún durante una noche en aceite, hierbas aromáticas, pimienta y sal. Cuando se va a cocer, se dora en la olla con aceite, junto con la cebolla cortada a trozos. Se rocía a continuación con el vino blanco; se le pone pan, pimienta, ajo, hierbas aromáticas y pan rallado (muy blanco). Se tapa y se deja cocer media hora.

Preparamos los ingredientes.

 # PESCADO BLANCO

👥 4 personas   🕐 20 minutos   👨‍🍳 Dificultad: media

Ingredientes: 500 g de pescado blanco • 1 cebolla • 2 dientes de ajo • Perejil Jitomates maduros • 1 huevo.

Se troza el pescado, se lava y se escurre, sazonándose con sal. En una cazuela se fríe la cebolla bien picada, un diente de ajo, perejil picado y varios jitomates pelados y cortados pequeños. Se deja freír y cuando esté en su punto, se añade un poquito de agua, para poder colocar el pescado y que cueza unos minutos así.

Aparte, se prepara en el molcajete un triturado con un diente de ajo, una yema de huevo crudo y aceite, echado poco a poco.

En el momento de servir el pescado, se traslada a una fuente con cuidado para no romperlo, se le cuela encima su salsita y se envía a la mesa con el triturado en salsera aparte.

Preparamos los ingredientes.

ATÚN A LA TERESITA

4 personas　　　　**30 minutos**　　　　Dificultad: media

*Ingredientes: 500 g de atún • 1 vaso de vino blanco • 1 dl de aceite
2 cebollas • Pimentón • Azafrán y sal.*

Se parte el pescado en trozos regulares, de un centímetro de grueso. Se pasan por harina y se fríen en aceite, hasta dorarlos. Se retiran de la sartén y en el aceite sobrante se rehoga cebolla abundante y bien picada. Se pone el atún en una cacerola, se cubre con esta cebolla que apenas si ha tomado color, se sazona con especias (azafrán, pimentón), se agrega un vaso de vino blanco y se deja un ratito a fuego suave.

Preparamos los ingredientes.

LANGOSTA A LA PROVENZAL

👥 4 personas   🕐 20 minutos   👨‍🍳 Dificultad: media

Ingredientes: 1 langosta • 1 huevo duro • 1 cebolla • 2 dientes de ajo
3 jitomates maduros • 1 cucharada de harina • 1 vaso de vino blanco seco • Sal
Pimienta • Perejil • Vinagre o limón • Aceite.

Se corta a trozos la langosta y se fríen en una cacerola, después de dorarse en ésta la cebolla picadita y los jitomates, pelados y partidos. Se deja que cueza todo junto durante diez minutos. Las vísceras y un huevo duro se pisan en el mortero. Cuando formen una pasta, ésta se agrega a la langosta para ligar la salsa. Se pone la sal necesaria y se añaden unas gotas de vinagre o limón. Se sirve muy caliente.

Preparamos los ingredientes.

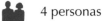

ALMEJAS A LA PESCADORA

👥 4 personas   🕐 15 minutos   👨‍🍳 Dificultad: media

Ingredientes: 1 kg de almejas • 1 cebolla grande • 1 vaso de vino blanco • 1 dl de aceite • 2 cucharadas soperas de harina • Pimienta • Nuez moscada • Ajo • Limón • Laurel • Sal.

Después de bien lavadas, se rehogan las almejas y se ponen en una cacerola con tres rajas de limón y una hoja de laurel.
En una sartén aparte se vierten un par de cucharadas de aceite y cuando está bien caliente se acitronan en él las cebollas, muy picadas; en cuanto comiencen a dorarse se agregan dos cucharadas de harina, una pizca de pimienta, nuez moscada y un diente de ajo. Una vez que todo esto esté bien tostado, se añaden una taza de agua y el vino blanco, echando todo esto en la cacerola donde están las almejas. Se deja cocer a fuego lento para que se espese la salsa y cuando esté en su punto se puede servir el guiso, procurando que esté muy caliente.

ALMEJAS PICOSITAS

 4 personas   🕐 30 minutos   👨‍🍳 Dificultad: media

Ingredientes: 1 kg de almejas • 4 jitomates grandes • 2 cebollas grandes • 3 chiles serranos
2 dientes de ajo • 1 dl de aceite • Pimienta

Las almejas, bien raspadas y lavadas, se ponen en una cacerola al fuego, sin agua, removiéndolas continuamente para que se abran. Se retiran entonces, guardando el caldo que ha soltado. En la misma cacerola se pone cebolla picada (para seis docenas de almejas, se ponen dos cebollas grandes picadas), dos dientes de ajo igualmente picados, chiles y unos cuantos jitomates maduros. Cuando esto esté frito, se echan encima las almejas, se les da un par de vueltas y se les echa el caldo que se apartó. Se hace una picada de pimienta negra en grano, se añade al guiso y se deja a fuego lento hasta que la salsa esté en su punto.

PESCADITOS FRITOS

👥 4 personas   🕐 20 minutos   👨‍🍳 Dificultad: media

Ingredientes: 4 pescaditos enteros • Harina • Aceite
Pan rallado y perejil • 1 limón.

Los pescadoss se vacían y limpian bien, secándolos con un trapo limpio. Se espolvorean de sal fina, se enharinan y se fríen en aceite caliente hasta que se doren. En una sartén aparte y en aceite, se fríen un par de cucharadas de pan rallado, añadiendo al final un poco de perejil finamente picado.

Los pescaditos se ponen en una fuente; se riegan con el pan y el perejil fritos, y se adorna el plato con rodajas de limón.

Preparamos los ingredientes.

DEDITOS DE PESCADO

4 personas   20 minutos   Dificultad: baja

Ingredientes: 400 g de pescado blanco • Sal • Harina • 2 huevos • Limón.

Se lava el pescado y se corta a tajadas lo más anchas posible. Se deja con sal en la escurridora y, en el momento de servirlo, se baten los huevos con harina, procurando obtener una pasta que no sea ni muy espesa ni muy clara. Con bastante aceite en la sartén, se echan las tiras del pescado envuelto en la pasta de huevo. Se fríen por ambos lados y se escurren bien, sirviéndose con rodajas de limón.

Se lava, limpia y corta el pescado en pequeñas tajadas.

Sazonamos y lo dejamos escurrir en un recipiente.

Batimos los huevos, y mezclamos harina y un poco de levadura.

Finalmente, rebozamos los trozos de pescado en esta pasta y los freímos en aceite abundante.

SARDINAS AL HORNO

4 personas   **15 minutos**   **Dificultad: media**

Ingredientes: 500 g de sardinas frescas • Sal • Limón • Aceite • Pan rallado Ajo y perejil.

Se vacían las sardinas y se dejan abiertas, quitándoles la espina central. Se espolvorean con sal y se exprime sobre ellas el jugo de un limón. Se empapan en aceite crudo y se pasan por pan rallado mezclado con ajo y perejil.

Se van poniendo en una fuente que vaya al horno, untada en el fondo de aceite. Se rocían con más aceite y se asan en el horno hasta que el pan esté tostado. No emplear pan rallado muy tostado, porque saldrá del horno muy negro. La miga de pan blanco de casa es mejor. Para hacerla, se secarán en el horno trocitos de pan sobrantes, procurando no se tuesten y sí solamente se sequen. Luego se machacarán y se guardarán en un frasco de vidrio o de hojalata.

Tras limpiarlas bien y descabezarlas abrimos las sardinas y eliminamos la espina central.

Espolvoreamos las sardinas con sal y exprimimos sobre ellas el jugo de un limón.

Empapamos bien las sardinas en aceite, y mientras picamos ajos y perejil.

Colocamos las sardinas en una fuente de horno, separadas y cubiertas del picadillo y pan rallado.

RÓBALO «GLADIADOR»

4 personas — **20 minutos** — **Dificultad: baja**

Ingredientes: 500 g de róbalo • Vino blanco • Piñones • Perejil • 2 dientes de ajo Pan tostado • Sal • Coñac o brandy.

Se cuece el róbalo unos minutos en agua (poca) y vino blanco, con sal.
Mientras, se hace una picada con los piñones, el perejil, los ajos y pan tostado. Se diluye esto con un poco de agua, a la que se añade media copita de brandy, y se echa en la cacerola en que ha hervido el róbalo. Se deja que dé un hervor y se sirve.

Cocemos el róbalo durante unos minutos en agua y vino blanco, con sal.

Preparamos un machacado con los piñones, perejil, los ajos y pan tostado.

Diluimos el machacado con un poco de agua y añadiendo una copa de coñac.

Incorporamos la salsa elaborada a la cacerola del róbalo y dejamos dar un par de hervores.

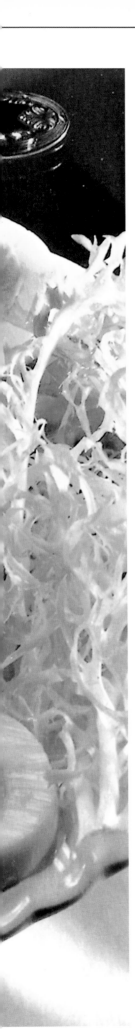

BACALAO CON HUEVOS

4 personas   45 minutos   Dificultad: media

Ingredientes: 600 g de bacalao • Harina • Aceite • 4 huevos • Manteca Vinagre • Sal • Pimienta • 2 dientes de ajo.

El bacalao frito, enharinado con aceite, se enfría y se desmenuza, quitándole todas las pieles y espinas. Los huevos, cocidos duros, se cortan a rodajas algo gruesas. En una fuente se coloca: en el centro, el bacalao, desmenuzado, y alrededor, el huevo. Se riega el conjunto con manteca derretida en una sartén pequeña hasta que se dore. Se sirve acompañado de una escarola bien sazonada de aceite, vinagre, sal y pimienta, a la que se le añaden un par de dientes de ajo finamente picados.

Preparamos los ingredientes.

 # SARDINAS RELLENAS

👥 4 personas   🕐 10 minutos   👨‍🍳 Dificultad: baja

Ingredientes: 12 sardinas • 2 huevos duros • 2 aceitunas • Sal • Pimienta • Aceite Pan rallado • Harina.

Se vacían las sardinas, se les quita la cabeza y se procura abrirlas un poco para poderlas rellenar más fácilmente.
Aparte se prepara un picadillo con los huevos duros, pan rallado, las aceitunas picadas finamente, sal y pimienta. En vez de pan rallado, puede ponerse miga de pan mojada en leche, que tiene más consistencia. Se rellenan las sardinas con esta mezcla, se enharinan y se fríen en aceite bien caliente.

Preparamos los ingredientes.

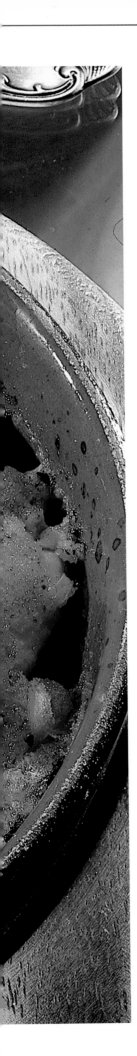

BACALAO EN CAZUELA

4 personas   **30 minutos**   **Dificultad: media**

*Ingredientes: 400 g de bacalao remojado y desalado • 3 cebollas • Aceite
Limón • 2 dientes de ajo • Pimienta negra • Pan rallado.*

Se pone en una cacerola aceite, y sobre éste una capa de bacalao hervido, deshecho y limpio de escamas y espinas.

Encima, una capa de cebolla picada, otra de pan rallado, y sobre esto un poco de aceite, pimienta negra molida,

jugo de limón y los ajos machacados, todo crudo.
Se cuece en el horno y se sirve muy caliente.

En una cazuela, depositamos una capa de bacalao hervido, deshecho y limpio de espinas y escamas.

Picamos cebolla muy finamente y superponemos una capa abundante a la de bacalao.

Sobre la capa de cebolla picada bien extendida, ponemos una tercera capa de pan rallado.

Sobre todo, agregamos aceite, pimienta molida, el jugo de limón y los ajos machacados. Después, cocemos.

 TACOS DE CAMARÓN FRESCO

4 personas · **30 minutos** · **Dificultad: media**

Ingredientes: 16 tortillas • 300 g de camarón fresco • 150 g de tomates verdes 150 g de jitomate • 100 g de manteca • 50 g de queso fresco • 1 cebolla en vinagre • 1 zanahoria en vinagre • 2 chiles carrizillo en vinagre • 1 lechuga.

Ya lavados los camarones, se cuecen, se les quita el pellejo y se parten en pedazos chicos. En una cucharada de manteca se fríe una cebolla picada, el jitomate picado y el camarón; se sazona de sal y pimienta y se deja en el fuego hasta que espesa. Se cuecen los tomates en una cucharada de manteca, se fríen y se muelen. Se fríen las tortillas ligeramente, se pasan por la salsa, se rellenan, se enrollan, se colocan en el platón, se cubren con el queso rallado y se adornan con las cebollas en vinagre rebanadas, las zanahorias, los chiles y las hojas de lechuga.

Preparamos los ingredientes.

CHILES EN FRÍO RELLENOS DE SARDINAS

4 personas   **45 minutos**   **Dificultad: media**

*Ingredientes: 8 chiles poblanos del mismo tamaño • 3 cucharadas de aceite
1/8 de litro de vinagre • 1/2 litro de agua • 1 cebolla regular • 1 diente de ajo.
Relleno: 1 lata de sardinas españolas o portuguesas • 100 g de chícharos cocidos
1 cucharadita de cebolla picada • 50 g de queso añejo • 4 aguacates • 1 jitomate
1 ramita de cilantro • 1 cucharada de aceite • 1 jitomate para adorno muy rojo
1 cebolla.*

Se preparan los chiles de la misma forma que en recetas anteriores. (Se pueden hacer la víspera.) Se rellenan con las sardinas, que se habrán mezclado con los chícharos, la cebolla, la mitad del queso y la tercera parte del guacamole. Se cubren con el guacamole y con el resto del queso, y se adornan con rebanadas de jitomate y de cebolla. Para elaborar el guacamole se asa el jitomate; se muele con el cilantro y un pedacito de cebolla; se le agregan los aguacates (y al hacerlo, se machacan), se incorpora el aceite y se sazona con sal.

Preparamos los ingredientes.

65

TORTAS DE CAMARÓN EN REVOLTIJO

4 personas   45 minutos   Dificultad: media

Ingredientes: 3/4 kg de romeritos ya limpios • 150 g de chile mulato • 50 g de cacahuetes mondados • 30 g de pasitas • 300 g de papas amarillas • 150 g de camarones secos 100 g de manteca • 25 g de chile pasilla • 2 cucharadas de ajonjolí tostado 1/2 tortilla frita • 1 pedazo chico de pan frito • 2 dientes de ajo • 1 pedazo de cebolla 2 clavos • 8 pimientas delgadas • 1 rajita de canela • 1 cucharada de azúcar. Tortas de camarón: 75 g de camarón seco • 2 cucharadas de pan molido • 2 huevos Aceite para freír.

Se lavan perfectamente los romeritos y se les quita algún que otro tallo largo que les haya quedado; se ponen a cocer cubiertos de agua con sal. Ya cocidos, se escurren bien. Los cacahuetes mondados se fríen, junto con la cebolla y el ajo; se muelen con las especias, pan, tortilla frita, ajonjolí tostado y las pasitas. Todo esto se fríe en la manteca; se agrega el chile ligeramente tostado, remojado y molido; se deja freír hasta que quede chinito; se agrega el caldo en que se cocieron los camarones, las papas cocidas y partidas en cuadros y los camarones, a los cuales, ya cocidos, se les habrá quitado la cáscara.

Se sazona con sal y azúcar; se deja hervir una media hora. Al final, se le ponen las tortas de camarón para que den un ligero hervor. Tortas: Se limpian los camarones con un trapo húmedo para eliminar el polvo; se les quita la cabeza, la cola y las patas; se tuestan ligeramente en el comal y se muelen hasta que quede una harina muy fina; se mezcla con el pan molido y los huevos (batidos como para tortas: primero las claras y después las yemas).

Las tortas se van poniendo con una cuchara en el aceite bien caliente hasta que queden uniformemente doradas. (En los molinos de chile se obtiene el polvo de camarón; bastan 50 gramos.)

Preparamos los ingredientes.

CHILES EN FRÍO RELLENOS DE ATÚN

4 personas   **30 minutos**   **Dificultad: media**

Ingredientes: 6 chiles poblanos grandes • 2 cucharadas de aceite de oliva
1/8 de litro de vinagre • 1 pedazo grande de cebolla • 1 diente de ajo.
Relleno: 1 latita de atún • 1 latita de chícharos • 1 cucharada de cebolla picada
200 g de jitomate • 1 aguacate grande • 1/2 taza de crema de leche
2 jitomates para adorno.

Se preparan los chiles en la misma forma que recetas ya conocidas. El atún, ligeramente desmenuzado, se mezcla con los chícharos, la cebolla y el jitomate finamente picados; también se mezcla con el aguacate picado y con una cucharada de aceite; se sazona con sal y pimienta. Con esta mezcla se rellenan los chiles, que se acomodan en un platón; luego se bañan con la crema, sazonada con sal y pimienta, y se adornan con rebanadas de jitomate.

Preparamos los ingredientes.

69

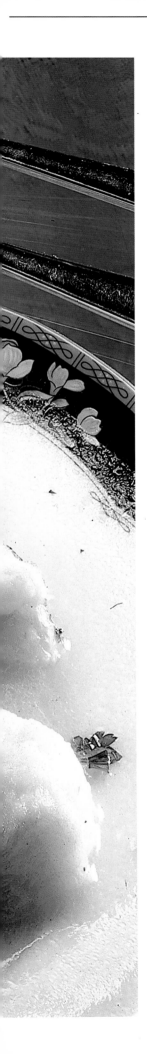

MERO GUISADO

4 personas   **25 minutos**   **Dificultad: media**

*Ingredientes: 1 kg de mero • Aceite • Harina • Sal • Azafrán • Ajos
Un cubito de caldo concentrado • Pimienta • Perejil picado.*

Se fríen unos dientes de ajo en una cacerola con aceite y se apartan.
El pescado, cortado a rajas, se sala, se enharina, se dora apenas y se desmenuza con agua hirviendo. Se vuelven a poner los ajos.
Se deja cocer a fuego moderado moviendo de cuando en cuando la cacerola por las asas, para que espese la salsa.
Se añade al final el cubito de caldo concentrado deshecho en un poquito de agua; se añade también una cantidad de perejil picado y se sirve.

Preparamos los ingredientes.

HUACHINANGUITOS «REGENCIA»

4 personas   10 minutos   Dificultad: media

Ingredientes: 4 salmonetes • 2 huevos duros • 1 cebolla • Aceite • Vinagre Sal • Perejil.

Los huachinanguitos, bien limpios y vaciados, se ponen en una cacerola con agua y sal, y se hierven unos minutos. Cuando están cocidos, se escurren con mucho cuidado y se ponen en la fuente en la que deberán servirse. Se prepara una salsa, deshaciendo en un plato hondo dos yemas de huevo duro y trabajándolas con aceite, que se echará gota a gota sin dejar de remover con el tenedor. Se agrega perejil picado y cebolla, igualmente picada finamente, así como las claras. Se sazona con sal y vinagre, y se pone un instante al fuego en el momento de servir el pescado. Esta salsa se sirve caliente sobre los pescados.

Limpios ya y vaciados, escaldamos los huachinanguitos en agua con sal.

Preparamos luego la salsa con las yemas de huevo duro, aceite, perejil picado, la cebolla y las claras.

73

HUACHINANGUITOS EN «PAPILLOTE»

4 personas   **30 minutos**   **Dificultad: media**

Ingredientes: 8 huachinanguitos • Sal • Pimienta • Limón • Aceite • Ajo y perejil picados • Harina • Papel de aluminio.

Los huachinanguitos se limpian, se les echa el aceite, la sal, la pimienta en polvo y el limón. Dejar reposar durante dos horas.

Hecho esto, escurrir y empanar con harina, mezclarlos con ajo y perejil picados bien finitos. Envolver en papel de aluminio (resistente al calor), untar de aceite y meter en el horno. Servir en un plato grande directamente con el papel de aluminio.

Los pescaditos se limpian y se dejan macerar con jugo de limón, aceite, sal y pimienta.

Se empanan en harina, ajo y perejil picados. Envolvemos los salmonetes en papel de aluminio con aceite y los llevamos al horno.

MEDIOS PESCADOS CON MOJO ROJO

4 personas · 20 minutos · Dificultad: media

Ingredientes: Medio pescado • Salsa roja • Huevo • Harina • Aceite • Perejil.

Los lenguados se limpian y se lavan, cortándoles en filetes (es mejor que se haga en la pescadería).
Se echa sal y se pasa por huevo batido y harina. Entonces, se enrolla el filete y se le clava un palillo.
Se fríen en aceite muy caliente, colocándolos de forma ordenada y echándoles perejil. Por otro lado, debe preparar una salsa roja bien frita y picosa.

Preparamos los ingredientes.

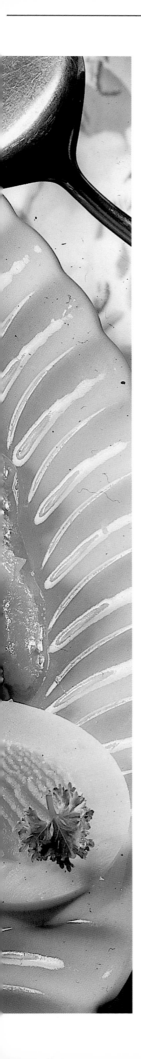

MERO CON CHÍCHAROS

4 personas   15 minutos   Dificultad: media

Ingredientes: 600 g de mero • 250 g de chícharos • 1 cebolla • 4 jitomates
25 g de piñones • 50 g de almendras tostadas • 2 huevos duros • Harina
Aceite • Pimienta • 1 diente de ajo • Azafrán • Perejil • Azúcar • Sal.

Se lavan los trozos de mero y se les quita la piel (que tiene unas escamas duras y grandes). Se enharinan y se fríen en aceite hasta que se doren.
En el aceite sobrante se fríe la cebolla picada, y cuando esté dorada se añaden el ajo picado, los jitomates pelados y picados. Los piñones, las almendras y el azafrán se machacan en el molcajete con un poquito de sal, se le echa agua y se agregan a la salsa.
Cuando esté bien frito todo, se añade un poco de caldo o agua tibia y se echan los chícharos. Cuando estén blandos, se añaden los huevos duros cortados a ruedas.
Se sazona con sal, pimienta y un poquitín de azúcar, y se deja cocer unos minutos, añadiéndole perejil picado. Se cubre el pescado con la salsa y se deja cocer todo junto durante unos minutos más.

Preparamos los ingredientes.

PESCADO A LA VINAGRETA

 4 personas   🕐 15 minutos   👨‍🍳 Dificultad: media

Ingredientes: 400 g de pescado (róbalo) • 2 huevos duros • 50 g de aceitunas • 25 g de pepinillos en vinagre • 1 cebollita • Sal • Aceite Vinagre • Pimienta blanca molida • Laurel.

Se hierve el pescado unos minutos con sal y laurel. Mientras, se endurecen dos huevos, se pelan y se pican finamente con unas aceitunas deshuesadas, pepinillos y una cebollita. Se pone este picadillo en una salsera y se sazona con sal, pimienta molida, vinagre y un buen chorro de aceite.
Se sirve en seguida.

Preparamos los ingredientes.

CALAMARES EN SU TINTA

 4 personas   10 minutos   Dificultad: media

Ingredientes: 4 ó 6 calamares • Sal • Limón • Aceite • Miga de pan • 1 cebolla 1 ajo • Vino blanco.

Se prepara una salsita friendo en aceite el trozo de miga de pan con la cebolla y el ajo, picados. Cuando esto esté frito, se machaca en el molcajete y se diluye con el vino y un poco de agua tibia, añadiendo la tinta del calamar. Se agrega un poquito de sal.

Los calamares, después de dejarlos en adobo un rato con sal y jugo de limón, se asan un poco a la parrilla, se parten a trozos y éstos se ponen en una cacerola, echando sobre ellos la salsa preparada.

Se pone al fuego para que cueza un ratito más todo junto.

Se sirve muy caliente.

Preparamos los ingredientes.

SIERRAS A LA MODERNA

4 personas   **15 minutos**   **Dificultad: media**

Ingredientes: 4 sierras • Harina • Aceite • 1 cebolla • 2 dientes de ajo
3 jitomates maduros • Perejil • 1 huevo duro.

Se fríen las sierras, enharinadas, en el sartén y se colocan ordenadamente en un pírex.

En una cacerolilla se fríen el ajo y la cebolla picados, a los que se agregan los jitomates sin piel. Cuando esté bien frito, se hace en el molcajete una picada de perejil, yema de huevo duro y un poco de harina con aceite crudo. Todo junto se incorpora al sofrito, y éste se pone sobre los pescados colocados en el refractario. Se deja hervir un tantito para que el pescado no se deshaga, y se sirve en el mismo recipiente.

Preparamos los ingredientes.

SIERRA ESCABECHADA

4 personas   **15 minutos**   **Dificultad: media**

*Ingredientes: 600 g de sierra fresca • Aceite • Vinagre • Ajos • Pimentón
Chiles jalapeños • Laurel • Tomillo • Sal*

Las sierras, pequeñas pues son más finas, se vacían y lavan bien, se enharinan y se fríen en aceite.

Una vez fritas, se colocan en una fuente de porcelana algo honda, echando encima de ellas el adobo siguiente:

se añade aceite al que queda en la sartén después de freír el pescado y en él se echan bastantes dientes de ajo y chiles rebanados. Cuando empiezan a tomar color, se añade un ramillete de tomillo y laurel, amarrado con un hilo, y una

cucharadita de pimentón. Se revuelve y en seguida se pone un chorro de buen vinagre. Se añade un poco de sal y se echa sobre el pescado, dejando que éste enfríe.

Se guarda así durante unos días. Se come frío o casi frío.

Preparamos los ingredientes.

RÓBALO EN VERDE

4 personas   **30 minutos**   **Dificultad: baja**

*Ingredientes: 1 kg de pescado cortado en trozos • 2 echalotes • 1 cebolla mediana
1 diente de ajo • Harina • Albahaca • Perejil • 200 ml de vino blanco
100 ml de crema de leche • Aceite de oliva • Manteca • Sal y pimienta.*

Sazonar bien el pescado. En una sartén de teflón colocar una cucharada de manteca y un chorro de aceite de oliva, freír la cebolla y los echalotes picados, agregarles una cucharada de harina y rehogar todo unos minutos. Picar el diente de ajo con mucho perejil y albahaca, se le agrega a la sartén junto con el vino blanco y la crema de leche, sal y pimienta a gusto; dejar reducir durante unos minutos.

Colocar el pescado en una olla de barro o fuente para horno, echar sobre éste la salsa que dejamos reduciendo y dejar cocinar a horno bajo durante 25 minutos.

Se puede acompañar con arroz blanco.

Cocemos los chícharos. Los reservamos para incorporar después.

Doramos lo ajos aplastados en aceite. Los retiramos y desechamos.

En el mismo aceite se fríe el pescado, fileteado y enharinado.

Incorporamos los chícharos, el perejil picado, sal y pimienta, y cocemos.

89

PESCADO A LA MEXICANA

4 personas　　　　30 minutos　　　　Dificultad: baja

Ingredientes: 50 g de manteca • 18 aceitunas • 25 g de almendras
8 pimientas blancas • 750 g de róbalo • 4 chiles anchos • 3 clavos
2 dientes de ajo • 1 trozo de cebolla • 1 rajita de canela
1 cucharada de aceite de oliva • 1 limón.

Previamente hay que lavar muy bien el pescado y secarlo; luego se sazona y se le agrega un poco de limón. En manteca se fríen ligeramente los chiles desvenados, junto con las almendras, el ajo y la cebolla; se muele todo junto con las especias y un cuarto de litro de agua; se añade sal y se fríe en una cucharada de manteca.

Se engrasa totalmente un molde de loza refractaria; se extiende una capa delgada de salsa de chile, luego se acomoda el pescado y se cubre con el resto de la salsa. Se cuece en el horno durante veinte minutos a una temperatura de 190 °C (375 °F) hasta que el pescado esté bien cocido. En el momento de servir se le ponen las aceitunas y los chiles largos en vinagre.

Se lava el pescado, se seca y se le agrega la sal y un poco de limón.

Se fríen los chiles y se muelen con las almendras, la cebolla, ajos y especias.

En un molde engrasado, colocamos el pescado y lo cubrimos con la salsa de chile.

En el momento de servir, se adorna con las aceitunas y los chiles largos.

CAZÓN A LA YUCATECA

👥 4 personas   🕐 30 minutos   👨‍🍳 Dificultad: media

Ingredientes: 1 kg de cazón • 1 kg de jitomate • 1 cebolla grande • 1 chile habanero o chile cuaresmeño • 30 g de manteca (o aceite).

El pescado, una vez limpio, se pone a cocer en agua hirviendo con ajo, cebolla, sal y una rama de perejil. Cuando ya está suave, se le quita el pellejo y se parte en trozos.

Se hierven los jitomates en agua con sal y una rama de perejil; luego, se muelen y se cuelan. Se acitrona la cebolla en la manteca; se agrega el jitomate y se deja freír.

Luego, se pone el pescado y el chile habanero (o un chile cuaresmeño, si no se dispone de aquél); se deja hervir durante unos minutos.

Ya limpio, el pescado se pone a cocer con ajo, cebolla, sal y una rama de perejil.

Cuando esté suave, se le quita el pellejo y se parte en trozos.

Se ponen a hervir los jitomates, con sal y perejil; se muelen y se cuelan.

Se acitrona la cebolla, se agrega el jitomate; luego se pone el pescado y el chile.

93

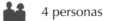

CAMARONES CON HUEVO

4 personas   30 minutos   Dificultad: baja

Ingredientes: 100 g de camarones secos • 4 huevos • 75 g de chile ancho • 300 g de papas chicas • 2 dientes de ajo • 50 g de manteca (o aceite).

En medio litro de agua se ponen a cocer los camarones durante media hora; luego se mondan y se cuela el caldo.
Se desvenan los chiles, se tuestan ligeramente y se ponen a remojar en el caldo de los camarones, con el ajo. Después se fríen, se muelen bien y se agregan al resto del caldo los camarones y las papas cocidas y partidas en octavos. Cuando suelta el hervor, se incorporan los huevos, que se habrán batido antes un poco, se sazonan y dejan hervir a fuego lento hasta que cuajen.

Se ponen los camarones a cocer en medio litro de agua; se hierven durante una media hora; luego se montan y se cuela el caldo.

Los chiles se desvenan, se tuestan ligeramente y se ponen a remojar en el caldo de los camarones, con el ajo.

Después se fríen, se muelen bien y se agregan al resto del caldo y los camarones las papas cocidas y partidas en octavos.

Cuando suelta el hervor, se agregan los huevos batidos; se sazonan y se dejan hervir a fuego suave hasta que cuajen.

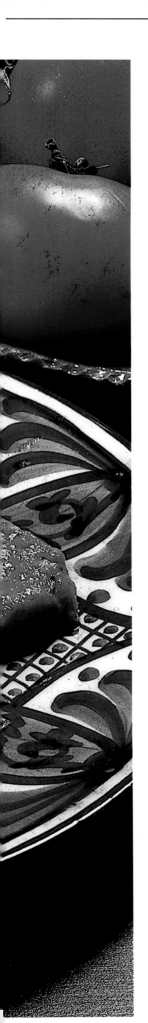

FILETES DE PESCADO EN SALSA COLORADA

4 personas   **30 minutos**   **Dificultad: baja**

Ingredientes: 750 g de pescado sierra, en filetes • 300 g de jitomate
1 pedazo de cebolla • 2 dientes grandes de ajo • 2 cucharadas de vinagre
El jugo de una naranja • 1/4 de cucharadita de orégano • 8 cominos.

Tras asar los jitomates, los picamos juntamente con la cebolla y un diente de ajo, y freímos todo en una cucharada de aceite. Desvenamos los chiles y los remojamos para molerlos luego con un diente de ajo, las especias, vinagre y jugo de naranja; los freímos después en aceite y los mezclamos con el jitomate ya frito; sazonamos y, si es necesario, agregamos un poco de agua.

Finalmente, incorporamos el pescado, bien limpio, y dejamos hervir a fuego manso aproximadamente veinte minutos, hasta que el pescado se sienta cocido pero no deshecho.

Se asan los jitomates, se pican, se muelen con la cebolla y un diente de ajo, y se fríen en aceite.

Se tuestan los chiles y se muelen con ajo, especias, vinagre y jugo de naranja.

Se fríen después en aceite; se mezclan con el jitomate ya frito y se sazonan con sal.

Se agrega el pescado, se deja hervir, a fuego manso, unos 20 min., hasta que se sienta cocido.

 # MOLE DE CAMARÓN

4 personas **60 minutos** **Dificultad: media**

Ingredientes: 3/4 de kg de papas amarillas • 200 g de camarones secos • 100 g de chile ancho • 50 g de manteca • 8 pimientas delgadas • 4 huevos cocidos 3 chiles chipotles o «moritas» • 2 clavos • 1 diente de ajo • 1 pedazo de cebolla l rajita de canela

Se lavan los camarones y se ponen a cocer durante media hora en tres cuartos de litro de agua. Cocemos las papas con cáscara y, luego, las mondamos y cortamos a cuadraditos. Desvenamos los chiles, los tostamos ligeramente, los ponemos a remojar en agua caliente y los molemos después con los chipotles (éstos desvenados y hervidos para suavizarlos), los clavos, las pimientas, la canela, el ajo y la cebolla. Freímos todo en dos cucharadas bien llenas de manteca, hasta que quede chinito; entonces añadimos el caldo de cocción de los camarones, colados y mondados, y las papas. Sazonamos y dejamos hervir durante unos veinte minutos. En cada plato se ponen unas rebanadas de huevo cocido.

Se lavan los camarones y se cuecen. Se cuecen las papas con cáscara.

Ya cocidas las papas, las mondamos y cortamos en cuadraditos.

Molemos los chiles con los chipotles y agregamos las especias.

Freímos todo y añadimos al caldo los camarones pelados y las papas.

CAMARONES AL MOJO DE AJO

4 personas   **30 minutos**   **Dificultad: media**

Ingredientes: 14 camarones grandes frescos • 2 aguacates medianos
1 cabeza de ajo • 1 lechuga romana • Mayonesa al gusto
Aceite de oliva, el necesario.

Comenzamos pelando y descabezando los camarones, a los que también eliminaremos la vena negra que se extiende por el lomo. Los abrimos luego por el centro, dejando unidas las dos mitades por la parte posterior. Seguidamente, los extendemos en un platón, espolvoreándolos con abundante sal y pimienta.

Pelamos y picamos en rebanadas finas los ajos, y los distribuimos uniformemente sobre los camarones; cubrimos el platón y dejamos reposar durante dos horas. Transcurrido ese tiempo, freímos los camarones con los ajos en aceite bien caliente, removiéndolos un poco, hasta que se pongan rojos. Ya fritos, los escurrimos y los servimos inmediatamente sobre una hoja de lechuga romana, acompañados de mayonesa y tiras de aguacate.

Pelamos los camarones y los partimos por el centro, dejando las dos mitades unidas.

Extendemos los camarones en un platón y los espolvoreamos con abundante sal y pimienta.

Cubrimos los camarones con rebanadas finas de ajo, y los dejamos tapados durante dos horas.

Freímos los camarones con los ajos, en aceite bien caliente, y los escurrimos antes de servir.

HUACHINANGO AL PEREJIL

6 personas — 30 minutos — Dificultad: baja

Ingredientes: 100 g de perejil • 2 dientes de ajo • 1 huachinango de regular tamaño • 1 taza de vinagre • 1 cebolla chica • Aceite, el necesario Sal y pimienta, al gusto.

Iniciamos la receta moliendo finamente el perejil, juntamente con el ajo y la cebolla, hasta obtener una pasta uniforme.

A continuación, limpiamos muy bien el pescado, al que además haremos unos cortes por ambos lados.

Ponemos en una sartén aceite y, cuando esté bien caliente, freímos el pescado hasta que comience a dorarse. En ese momento le incorporamos la salsa de perejil diluida en vinagre y sazonamos una pequeña cantidad de sal.

Dejamos freír unos minutos más, ahora a fuego lento; servimos caliente con la salsa y unas ramitas de perejil.

Molemos finamente el perejil, junto con la cebolla y el ajo, obteniendo una mezcla uniforme.

Limpiamos a fondo el pescado y le hacemos varios cortes por ambos lados.

En aceite bien caliente, freímos el pescado hasta que comience a ponerse dorado.

Agregamos entonces la salsa de perejil y freímos un poco más a fuego lento.

107

 # CEVICHE

 6 personas   🕐 120 minutos + 1 día   Dificultad: baja

Ingredientes: 500 g de pescado sierra • 1 latita de chiles jalapeños en escabeche Galletas de soda • 4 jitomates grandes, maduros, pelados y picados finamente 1 taza de aceitunas • 2 cebollas grandes, picadas finamente • 1 aguacate, pelado y cortado en tiritas • El jugo de 20 limones • Aceite de oliva, en cantidad necesaria Sal y pimienta.

El día antes de cocinarlo, limpiamos el pescado, eliminamos su piel y lo picamos muy fino; lo lavamos en un colador y lo depositamos en una fuente de cristal cubierto con el jugo de los limones. Lo conservamos así, en el refrigerador, durante doce horas.

Para cocinarlo, al día siguiente, lo escurrimos muy bien; picamos finamente los chiles y los agregamos con su jugo al pescado, así como el jugo de las aceitunas y el aceite necesario. Revolvemos todo muy bien, sazonamos con sal al gusto y ponemos a macerar en el refrigerador durante algunas horas para que el pescado absorba los distintos sabores. Agregamos el resto de ingredientes. Lo servimos muy frío, con galletas de soda y adornado con tiras de aguacate.

Pelamos, limpiamos y picamos el pescado, depositándolo en una fuente de cristal.

Lo cubrimos con el jugo de limón. Conservamos en el refrigerador hasta el día siguiente.

Incorporamos los chiles y el aceite, sazonando con sal, y guardamos de nuevo en el refrigerador.

Lo servimos muy frío, adornado con el aguacate y añadiéndole los demás ingredientes.

ALBÓNDIGAS DE PESCADO

6 personas   120 minutos + 1 día   Dificultad: baja

*Ingredientes: 1 y 1/2 kg de pescado en trozos • 1/4 kg de jitomate
1 cucharada de cebolla picada finamente • 1 cucharada de perejil picado
1 diente de ajo picado • 2 rebanadas de pan remojado en vinagre • 3 huevos enteros
2 chiles poblanos • 1 litro de salsa de jitomate • 18 aceitunas.*

El pescado en crudo se limpia de piel y espinas, y luego se muele; se mezcla entonces con el pan, la cebolla, el jitomate picado (sin piel ni semillas), el perejil y los huevos. Se forman albóndigas y se cuecen con la salsa de jitomate, a la cual se le agregan los chiles en rajas y las aceitunas.

Limpiamos bien el pescado y preparamos el picado del resto de ingredientes.

Molemos el pescado y lo mezclamos con el picado, incorporando los huevos.

Formamos las albóndigas y las cocemós con la salsa elaborada de jitomate.

Para finalizar, agregamos a la cazuela los chiles en rodajas y las aceitunas.

PULPOS A LA MEXICANA

6 personas   180 minutos   Dificultad: media

Ingredientes: 1 kg de pulpos limpios y picados • 4 jitomates grandes, asados, pelados y picados • 1 cebolla mediana finamente picada • 1 diente de ajo finamente picado • 1 cucharada de perejil finamente picado • 100 g de alcaparras • 2 chiles serranos verdes, finamente picados • 4 cucharadas de aceite de oliva • 1 cucharadita de harina • 1 ramita de epazote finamente picado • Sal y pimienta, la necesaria.

Se lavan los pulpos pelados y se pican en pedacitos. Se pone al fuego una cacerola con aceite y se sancocha la cebolla y el ajo; luego se ponen los pulpos para que se frían ligeramente; después se agrega la harina, para que se dore un poco, y luego el resto de los ingredientes.

Se cubre con agua fría, se tapan y se dejan hervir a fuego vivo, hasta que estén cocidos y la salsa espesa y consumida (tardan 3 horas en cocerse, aproximadamente). Se pueden servir solos o acompañados con papas al vapor.

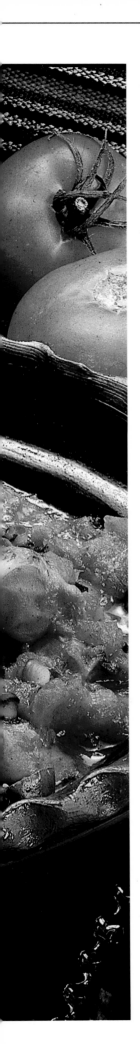

Tras lavarlos con abundante agua fría, pelamos los pulpos y los troceamos regularmente.

En una cacerola adecuada, con aceite, se sancochan la cebolla y ajo, hasta dorarse.

Incorporamos a la cebolla los pulpos troceados y los sofreímos durante unos minutos.

Agregamos luego el resto de los ingredientes, cubrimos con agua y dejamos hervir.

PESCADO NAVIDEÑO

👥 4 personas   🕐 30 minutos   👨‍🍳 Dificultad: baja

Ingredientes: 1 huachinango entero de 3/4 de kg • 2 pimientos morrones
1 taza de mayonesa espesa • 2 aceitunas • 250 g de chícharos cocidos
1/2 cebolla • 1/2 hoja de laurel • 1 manojito de hierbas aromáticas • Sal y pimienta
2 yemas de huevo cocido.

Cocemos el pescado a fuego lento, junto con la cebolla, el laurel, la pimienta, las hierbas aromáticas y sal. Lo escurrimos luego muy bien y lo depositamos en un platón de forma ovalada.

Cuando el pescado esté frío, lo cubrimos totalmente con mayonesa; cortamos los pimientos en forma de pétalos para componer unas flores de Nochebuena y agregamos para centro de las mismas unas aceitunas. Adornamos también con los chícharos. Se sirve muy frío.

Éstos son los ingredientes que habrá que emplear en las proporciones recomendadas.

Se pone a cocer el pescado con la cebolla, las hierbas aromáticas, el laurel, la pimienta y la sal.

Luego, lo escurrimos muy bien y lo colocamos en un platón de forma ovalada.

Cuando esté bien frío lo recubrimos completamente con salsa mayonesa.

la cocina de México

116

EMPANADAS RELLENAS DE CAMARÓN

4 personas   30 minutos   Dificultad: media

Ingredientes: 500 g de masa • 3 cucharadas de aceite • 1 huevo • 1 cucharada de vino blanco • 3 cucharadas de harina • 1 cebolla chica • 100 g de camarones 2 dientes de ajo • 2 jitomates • 1 chile jalapeño picado • Aceite Pimienta gorda, orégano y sal.

Mientras reposa la masa en un tazón, freímos las semillas de achiote y las incorporamos a la masa, agregando un poco de harina, agua y sal; amasamos bien.
Para preparar el relleno, salteamos el ajo y la cebolla; añadimos el puré de tomates, los camarones y los chiles; sazonamos con las semillas de achiote, pimienta, orégano y sal. Cocemos hasta que espese y dejamos enfriar. Preparamos las tortillas, ponemos el relleno y las doblamos formando empanadillas. Las cubrimos con plástico. En el momento de servirlas, las freímos hasta dorarlas y las escurrimos. Acompañamos el plato con guacamole y salsa de tomate fría.

Preparamos los ingredientes.

BACALAO REBOZADO

4 personas　　　**15 minutos**　　　**Dificultad: media**

Ingredientes: 400 g de bacalao desalado • 1 huevo • Pan rallado.

El bacalao, desalado, se corta a rajitas delgadas de unos cinco o seis centímetros de largo, teniendo de ancho lo que tiene el morro, pues éste es el trozo que se comprará para rebozarlo. Cada rajita se pasa por huevo batido y por pan rallado, y se fríe en aceite abundante hasta que se doren por ambos lados. Se sirven con una ensalada cualquiera.

Preparamos los ingredientes.

119

 RÓBALO FRESCO EN CAZUELA

4 personas   20 minutos en la olla   Dificultad: media

Ingredientes: 4 trozos de róbalo fresco • 50 g de mantequilla • Perejil
500 g de papas • 1 limón • 1 cebolla • Hierbas aromáticas • Sal • Pimienta

Se calienta la mantequilla en la olla a presión. Se depositan sobre ella los trozos de pescado (uno para cada porción) y la cebolla cortada en cuatro. Se cierra la olla y se deja cocer lentamente diez minutos. Mientras, se pelan las papas, que se añaden a la olla después de transcurridos los diez minutos de cocción. Se cierra la olla nuevamente y se deja cocer diez minutos más. Para servir el plato se ponen las papas en el fondo de una fuente y los trozos de pescado encima. Se espolvorea con perejil picado finamente.

Preparamos los ingredientes.

SARDINAS EN CAZUELA

4 personas   20 minutos   Dificultad: media

Ingredientes: 1/2 kg de sardinas frescas • Aceite • Cebolla • Vinagre
Pimienta negra molida • Sal • 2 dientes de ajo • Perejil • Miga de pan.

Se limpian y lavan las sardinas, que se tienen en remojo en agua clara durante una hora.
A continuación se ponen en una cacerola con aceite y cebolla picada, se fríen dándoles la vuelta con mucho cuidado para no romperlas y, cuando estén casi todas fritas, se les añade agua tibia y un chorro de vinagre, pimienta negra y sal, perejil y ajos picados, así como una miga de pan frita en aceite y machacada en el molcajete, diluida en un poco de agua. Se deja que las sardinas den un hervor con esta salsita, y se sirven.

Preparamos los ingredientes.

ENSALADA DE SARDINAS FRESCAS

4 personas   15 minutos   Dificultad: media

Ingredientes: 500 g de sardinas • 1 limón • 4 jitomates • 1 cebolla
25 g de alcaparras • 2 pimientos • Perejil • Salsa vinagreta.

Se asan a la parrilla unas sardinas frescas. Cuando estén frías, se ponen en una fuente, formando ruedo, y se sazonan con jugo de limón. Se espolvorean de perejil picado muy fino y se acaba de adornar la fuente con jitomates a rajas, los pimientos a tiras; ruedas de cebolla y alcaparras. Se sirve con una salsa a la vinagreta en salsera aparte.

Asamos las sardinas, ya limpias, en la parrilla, y esperamos a que se enfríen.

Colocamos las sardinas en una fuente formando un arco, y las rociamos con jugo de limón.

Seguidamente, las espolvoreamos con perejil picado muy fino y no en excesiva cantidad.

Finalmente, adornamos la fuente con unas rodajas de jitomates, tiras de pimientos, ruedas de cebolla y alcaparras.

125

Glosario

Aceite: Líquido graso de color verde amarillento, que se obtiene prensando las aceitunas. En alimentación se utilizan sobre todo aceites vegetales (soja, cacahuate, girasol, maíz, oliva, nuez, almendra), aunque también existen aceites animales, como de ballena, bacalao, sobre todo como complementos alimenticios.

Aceituna: Es uno de los frutos más antiguos que se cultivan. No se puede comer directamente del árbol sino que deben someterse a varios procesos. Famosas para las botanas, mas sin embargo se incluyen en numerosos platillos.

Acelga: Planta hortense de la familia de las quenopodiáceas de hojas grandes, anchas, lisas y jugosas, y cuyo pecíolo es grueso y acanalado por el interior. Es comestible. Verdura baja en calorías. Es también diurética, de fácil digestión y rica en vitaminas A, B y C, además de hierro.

Achiote en pasta: El achiote es una semilla de color rojo intenso que se mezcla con varias especias formando una pasta. Se puede usar para condimentar aves, pescados y carne de cerdo. Su origen es del sudeste del país

Acitrón: Biznaga (planta cactácea) confitada.

Acitronar: Freír a punto de transparencia, saltear.

Aderezar: Condimentar los alimentos. También se usa para significar la preparación de un plato con el fin de darle un aspecto elegante antes de presentarlo a la mesa.

Adobar: Macerar la carne con condimentos y chile, para que se ablande o quede aromatizada.

Aflojar: Añadir cierta cantidad de líquido a un alimento para que pierda consistencia.

Aguacate: Fruto del árbol de la familia de las lauráceas, nativo de Mesoamérica, de piel coriácea. Existen muchas variedades de aguacate, desde las muy pequeñas que pueden comerse con piel incluso, a las muy grandes con forma de pera y piel con tonos rojizos.

Aguas frescas: Perfumadas y multicolores, refrescan la garganta y aplacan la sed. Las hay de chía, guanábana, tamarindo, jamaica y cualquier otra fruta, tropical o no.

Aguaucle: Huevecillos de una mosca de los lagos, muy apreciados por los aztecas. Se secan al sol y se comen revueltos con huevos de gallina.

Aguayón: Parte de carne vacuna, maciza, consistente, con poca grasa, recomendable para estofados, pucheros y moles de olla. Sus rebanadas dan buenos bistecs.

Ahogado: En la cocina mexicana se dice de los alimentos bañados en salsa de chile.

Ajenjo: Es una planta que se utiliza para elaborar licor o saborizantes; su sabor es muy parecido al anís.

Ajo: Es un bulbo de origen oriental. Se usa en las cocinas de casi todos los países en salsas, sopas, pescados y mariscos, carnes, vinagretas. Este bulbo es uno de los condimentos más usados en la cocina mexicana. Siempre ha sido muy apreciado, pues además de su aroma se le han atribuido propiedades curativas. Se afirma que el ajo es estimulante, antiséptico, antirreumático y tonicocardíaco; que es bueno contra la tos, el asma, las lombrices y los venenos. Aunque el ajo es muy venerado por los amantes de platillos con carácter, muchas personas se resisten a consumirlo por su olor fuerte y persistente. Es, además, un alimento de difícil digestión.

Ajonjolí: Son pequeñas semillas de color paja, que contienen una gran cantidad de aceite. Se pueden usar molidas junto con otras especias para hacer salsas o moles. Enteras, espolvoreadas sobre ensaladas, como adorno o ingredientes de galletas, dulces, panes y botanas.

Albahaca: Es muy aromática y de sabor fuerte, por lo que se utiliza mucho para condimentar aderezos, pastas, pescados, salsas, y aromatizar vinagre.

Albardar: Envolver carne, aves o caza en una rebanada de tocino grasoso cortado muy delgado, para evitar que se reseque por efecto de la cocción.

Alcachofa: Su forma es muy similar a la de una flor; las partes comestibles son el corazón y la base de las hojas, pero el heno o pelusa no se puede comer. Son preferibles las alcachofas compactas y pesadas, con las hojas verdes brillantes y muy juntas. La cocción dura de 35 a 45 minutos.

Alcaparra: Perteneciente a la familia de las caparidáceas, de la región del Mediterráneo. Botón de flor del mismo nombre que se prepara en vinagre.

Alegría: Dulce de origen prehispánico, de semillas de amaranto tostadas y piloncillo.

Alfajor: Dulce elaborado con coco, almendra y miel. Nombre que se le da en Yucatán al dulce hecho de polvorón y pinole.

Alfalfa: Las semillas germinadas son las que se destinan al consumo humano; las semillas de la alfalfa se pueden comer crudas, ya que son muy finas y tienen un sabor muy suave. Por lo regular se emplean en ensaladas, bocadillos y aperitivos, además de añadirse a los platos ya preparados justo antes de servirse.

Aliñar: Descuartizar un animal y limpiarlo de vísceras, plumas, pellejos, etc.

Almendra: La almendra dulce es la almendra comestible más conocida y se utiliza en diversos platos salados y dulces Partidas y doradas con mantequilla se emplean como guarnición del pescado, pollo y las verduras. La pasta de almendras sirve para decorar pasteles y elaborar caramelos y bombones rellenos.

Almíbar: Líquido espeso y dulce que se prepara hirviendo agua o jugo de frutas con azúcar.

Almidón: Harina de cereales que tiene como función la de ligar.

Almuerzo: Comida de media mañana.

Aluminio: Es ligero, inoxidable y buen conductor del calor. Se usa para toda clase de ollas, cacerolas y sartenes. Es relativamente blando y se abolla con facilidad. Al contacto con alimentos que contienen ácidos, reacciona químicamente y puede dar un ligero sabor metálico al guiso. Por esta razón, a menudo se recubre o se mezcla con materiales que reducen la reacción ácida.

Amasar: Formar o trabajar una pasta con las manos, mezclando sus ingredientes, principalmente harina y algún liquido.

Anís: Es una semilla de forma similar al arroz, de origen mediterráneo. Contiene un olor y gusto muy aromáticos; se usa para infusiones, licores, repostería.

Antojitos: Bocadillos variadísimos y apetitosos; se encuentran en todas partes, en restaurantes de lujo y en puestos callejeros. Las chalupas parecen pequeños barcos de masa de maíz, con variados rellenos. Los peneques son tortillas más gruesas y de menor diámetro, cuya masa está mezclada con grasa, frijol, chile, etc. Los sopes son parecidos a las gorditas, pero se fríen. Las garnachas son abarquilladas y se rellenan de carne picada y frijol refrito. Si los bordes se pellizcan con los dedos, el antojito se llama pellizcada. Las universales tostadas son tortillas del día anterior fritas, untadas de frijoles refritos y cubiertas de variadas cosas (sobras de comida). Los molotes son rollos de masa o tortilla, rellenos y fritos.

Apio: De sabor fuerte y agradable. Buen ingrediente en sopas, ensaladas y guisados. Es rico en vitaminas y se puede encontrar durante todo el año.

Arándano negro: Forma parte de la familia de las ericáceas; se toman con nata, zumo de naranja o un chorro de grand marnier, un licor de naranja. Están deliciosos en postres, jaleas y mermeladas.

Arroz: El arroz es el alimento básico de los países orientales. De allá nos llegó en la época de la Colonia en la nao de China, que unía a las Filipinas con Acapulco y traía infinidad de mercancías para ser llevadas desde la Nueva España a la Península Ibérica. El arroz hizo de México también su casa, lugar donde se multiplicaron los platillos con base en este noble alimento o tan sólo como ingrediente. Como todo cereal, el arroz es rico en almidón y calorías, aunque pobre en proteínas. Nunca debe considerarse como un alimento completo. Es muy útil en dietas tanto para enfermos como para adelgazar, dado que es de muy fácil digestión.

Artesanías en la mesa: Los productos de los artesanos de México permiten servir mesas llenas de belleza y colorido. Existen desde la más costosa y artística platería hasta manteles rústicos o bordados; desde objetos de madera hasta una variedad asombrosa de cobres, cerámica y barros; la artesanía mexicana ofrece una gama ilimitada de recursos a la imaginación y buen gusto de quien desee poner una mesa que sea un digno marco para la comida mexicana.

Aspicar: Poner zumo de limón a las gelatinas.

Ate: Dulce en pasta hecho con pulpa de fruta y piloncillo o azúcar. Por aféresis, según la fruta de que se hace, se dice membrillate, guayabate, duraznate, etc.

Atole: Bebida de harina de maíz disuelta en agua o leche, generalmente con sabor de frutas o especias. «Dar atole con el dedo» quiere decir embaucar a alguien. El que tiene «sangre de atole» es un tipo muy flemático.

Avena: A diferencia de la mayoría de los otros cereales, el salvado y el germen están unidos al grano de la avena incluso tras retirar la cáscara. La avena se añade a las granolas, las galletas y las tortitas; también se utiliza para espesar sopa pasteles de carne, patés, así como también para elaborar empanadas de frutas, pasteles, cervezas y bebidas.

Azafrán: Posee unas hojas largas, verdes y lineales, que crecen formando penachos. Es originaria de Oriente, donde se ha cultivado desde siempre como especie perfumada, colorante y planta medicinal. Son los pistilos de las flores del mismo nombre. El olor es fuerte, el sabor es muy agradable y el color es amarillo fuerte. Tiene un alto costo. Es originario de la cocina española, persa y francesa. Se usa en caldos de pescado, arroces y algunos platillos exóticos.

Azúcar: El azúcar es una sustancia soluble en agua y de sabor dulce; se obtiene de la caña de azúcar y de la remolacha azucarera. Se emplea sobre todo para modificar la textura de los alimentos, realzar su sabor, endulzar los alimentos de sabor ácido o amargo, alimentar la levadura (en la fabricación del pan, por ejemplo) y como conservante.

Bacandra: Fermentado de la tuna; bebida alcohólica de los estados de Sonora y Sinaloa.

Bajío (El): Nombre popular de una fértil planicie en los estados de Guanajuato y Michoacán.

Baño María: Hervidor con recipiente doble o algún tipo de cacerola pequeña que se coloca dentro o sobre otra más grande que contiene agua. Los alimentos delicados se cocinan o calientan con el calor del agua.

Barbacoa: Carne envuelta en hojas de maguey cocinada bajo tierra.

Báscula: Hay básculas de varias clases. Nosotros preferimos una balanza en brazos de dos platillos y una docena de pesas que van desde un gramo hasta 500 g. Es muy precisa y sencilla y permite pesar con exactitud ingredientes hasta un kilo.

Bebidas: Los mexicanos, además de mares de gaseosas, toman, según sus posibilidades económicas, bebidas de escasa graduación alcohólica (fundamentalmente pulque y cerveza) y destilados de alto contenido alcohólico (tequila brandy). El tequila, gloria de Jalisco y de México, la única bebida mexicana con «denominación de origen» controlada y reconocida internacionalmente, es el mejor aperitivo para una comida mexicana. Cada ciudad, casi cada pueblo de México, tiene sus especialidades líquidas, muchas veces altamente nutritivas, como los atoles y los pulques, y otras veces de veras sorprendentes.

Bebidas fermentadas: Procedimiento tan viejo como el hombre civilizado, la fermentación transforma en alcoholes los azúcares de ciertos vegetales; así tenemos la cerveza y los vinos, que en México se producen en gran escala y con métodos industriales modernísimos.

Berenjena: Su color regular es violeta oscuro y su forma es alargada. Pele las berenjenas antes de cocerlas para quitarles el sabor amargo.

Berro: Crece junto a los ríos. Contiene sobre todo hierro y una cantidad menor de azufre. Es muy refrescante y diurético.

Betabel: Es lo mismo que remolacha o betarraga.

Bicarbonato de sodio: Es un componente importante de la levadura en polvo. Se debe guardar en un lugar fresco, seco y oscuro. En combinación con ingredientes ácidos, como la leche mazada, el yogur o el crémor tártaro, hace que las masas aumenten de volumen.

Birria: Especialmente en Jalisco, birria es una especie de barbacoa de chivo, borrego o puerco. Se cocina a vapor, y para ello hay dos métodos: uno, poner hojas de maguey en la parte inferior de la olla para que el líquido no toque la carne; y el otro, utilizar una rejilla en la olla con el mismo objeto.

Bisque: Sopa preparada exclusivamente a base de crustáceos (camarones, cangrejos, etc.), ligada con crema.

Biznaga: Cactus, cuyo tallo se cristaliza con azúcar. Planta sagrada de los aztecas.

Bolillo: Pan blanco, pequeño y con dos puntas.

Botana: Bocado que acompaña al aperitivo. Las botanas de cantina son variadas y sabrosas.

Buñuelo: Fritura de harina grande y redonda, a menudo endulzada con miel.

Cacahuacintle: Variedad de maíz, de mazorca grande y grano redondo y tierno; se emplea, por ejemplo, en la preparación de tamales cernidos.

Cacahuate: Planta papilionácea anual procedente de América, con tallo rastrero y velloso, hojas alternas lobuladas y flores amarillas. El fruto tiene cáscara coriácea y, según la variedad, dos a cuatro semillas blancas y oleaginosas, comestibles después de tostadas. Se cultiva también para la obtención del aceite. En algunos sitios se le llama maní y en España cacahuete.

Café: Es la semilla del cafeto. El café que se comercializa en el mercado internacional es verde, es decir, sin tostar, pues de esta manera se conserva mucho mayor tiempo sin que pierda su sabor. Antes de la torrefacción (tueste en seco y a altas temperaturas), procedimiento esencial con el que aparece el sabor y el aroma del café, se tienen que seleccionar y mezclar las diferentes variedades y tipos de café. El café se utiliza mucho en dulces y en repostería para preparar diversos postres.

Cajeta: Dulce de leche de cabra y azúcar, especialidad de Celaya, Guanajuato.

Calabacita: Es baja en calorías y rica en vitaminas; de muy fácil digestión. Antitóxica, laxante y diurética. Contiene mucha agua y es muy combinable con otros alimentos por su sabor tan suave.

Calabaza: Los enormes frutos de esta cucurbitácea de origen americano se utilizan en México de muchas maneras; así mismo sus semillas (o pepitas), sus flores y su versión minúscula, la calabacita. La CALABAZA en tacha es la confitada en piloncillo o azúcar de caña.

Caldos y pucheros: El puchero español se extendió por todo México llevado por los conquistadores. Así, con el tiempo llegó a formar parte de la cocina local este guiso peninsular que es al mismo tiempo un plato de sopa, otro de carne y una importante guarnición de verduras, hortalizas y legumbres. El puchero español tomó características especiales en cada región mexicana. Hoy en día contamos con diversos caldos sustanciosos que, sobre todo en los días fríos, son la mejor manera de empezar a comer. Quizá destaque entre todos, por su representatividad mestiza, el mole de olla.

Cambray: Variedad de verduras muy tiernas y pequeñas; se aplica a hortalizas, como por ejemplo cebollitas de Cambray.

Camote: En castellano, batata. En la ciudad de Puebla, llaman camote al dulce de camote, azúcar y esencia de frutas.

Campechano: Además del significado común (de buena disposición, alegre, sencillo), esta palabra se aplica en México a una mezcla de mariscos (cóctel campechaneado) y a mezclas de bebidas alcohólicas diversas.

Canela: Es la corteza de un árbol originario de Sri Lanka. Se puede usar en rajas o molida en polvo. Es muy aromática y sabor muy fuerte. Se usa mucho en postres, chocolates, pasteles, bebidas como tés y ponches.

Capear: Revolcar en harina y pasar por huevo batido por separado (primero, la clara a punto de turrón y luego, la yema).

Capirotada: Platillo nacido para utilizar el pan seco. En la actualidad, generalmente se endulza con piloncillo y se enriquece con frutas y especias, pero antiguamente las capirotadas contenían verduras, queso y carnes, y eran un tipo de sopa.

Capulín: Especie de cerezo silvestre, con frutos pequeños y sabrosos.

Cardamomo: Se cultiva en regiones templadas y hay un centenar de variantes. Los granos de la adormidera azul se usan en algunos tipos de pasteles.

Carnitas: Carne, generalmente de puerco, frita; los tacos de carnitas se encuentran entre los más populares y sabrosos.

Cazuelas de barro: Las cazuelas de barro son utilizadas en la mayoría de las recetas mexicanas tradicionales, pero su empleo no es imprescindible, aunque sí característico y típico para, por ejemplo, preparar y servir moles.

Cebada: Este cereal se añade a sopas y ragús. Se cocina tal cual o con arroz y se puede añadir en patés, croquetas. La harina de cebada se usa para espesar salsas y endulza los alimentos.

Cebolla: Es quizá la hortaliza más popular en el mundo. Desde la antigüedad ha gozado de un gran prestigio y también se le atribuyen propiedades curativas. Es un excelente desinfectante, capaz de matar gérmenes y bacterias; purifica la sangre, es laxante, diurética, un buen tónico nervioso y además ayuda a expulsar bichos del cuerpo. La cebolla es rica en vitaminas A, B y C, con la ventaja de que difícilmente se destruyen durante la cocción.

Cebollín: Es muy parecido a las cebollitas de Cambray, pero mucho más delgado y de sabor más delicado. Se puede usar con carnes, aves, pescados y mariscos, salsas, aderezos.

Cecina: Carne seca salada, a veces enchilada.

Centeno: Se utiliza en la elaboración de panes, contiene menos gluten que el trigo, el pan de centeno es menos esponjoso y tarda más en digerirse. Se utiliza para elaborar pan de centeno integral y galletas crujientes.

Cereza: Fruto del cerezo. Es una drupa con cabillo largo, casi redonda, de unos dos centímetros de diámetro, con surco lateral, piel lisa de color encarnado más o menos oscuro, y pulpa muy jugosa, dulce y comestible.

Ceviche: Pescado marinado en limón agrio y otros ingredientes; deliciosa especialidad de Acapulco.

Chalupas: Ver antojitos.

Chamberete: Caña de las patas de vacunos o puercos.

Champiñones de cultivo: Es la seta que más se consume; es delicioso como aperitivo, en ensaladas, rellenos, tortillas y quiches.

Champurrado: Bebida de atole, chocolate y piloncillo.

Charal: Pececillo lacustre que se come entero, frito o cocinado de distintas maneras. En los mercados lo venden seco.

Chayote: Fruto de una planta de la familia de las cucurbitáceas; tiene forma de gruesa pera, la cáscara tiene espinas y el interior es jugoso y de poco sabor. Se come siempre cocido.

Chía: Planta mexicana cuyas semillas, desde los tiempos de los aztecas, se usan para preparar una bebida mucilaginosa y refrescante.

Chícharos: En España se llaman guisantes.

Chicharrón: La piel gorda del cerdo se fríe en su propia grasa y el resultado crujiente y dorado es una deliciosa botana. También se emplea como ingrediente de varios platillos populares.

Chichicuilote: Avecilla, ahora casi extinta, que habita en las orillas de las lagunas.

Chilaca: Este chile es verde oscuro, largo y liso, muy picante; hay que asarlo, pelarlo y desvenarlo. Se usa para rellenar, en rajas y escabeche.

Chilaquiles: Ver tortillas.

Chile: Hay muchas variedades de chiles; a continuación se mencionan las más comunes en México.

- *Chile ancho:* Color vino aladrillado, proviene del chile poblano claro.
- *Chile cascabel o cora:* Conserva forma esférica, suena como «cascabel», muy aromático y picoso.
- *Chile de agua:* Parecido al poblano, pero más pequeño, verde claro; abunda en Oaxaca.
- *Chile de árbol:* Chile muy pequeño y picoso, para salsas y escabeches.
- *Chile de árbol seco:* En polvo se usa para aderezar frutas y verduras, también se le conoce como chile cola de rata.

Chile chipotle seco: Se seca ahumado, es rojo oscuro, arrugado, aromático y picoso. Para salsas, adobos y (entero) para sopas y guisos. Secado sin ahumar se llama MECO.

Chiles, conservación: Los chiles frescos se guardan en el refrigerador en la parte menos fría (la más baja) y se conservan así varias semanas. Con el transcurso del tiempo, pueden perder en parte su aspecto terso y brillante, pero no su sabor. Atención: no hay que envolverlos en bolsas de plástico. Los chiles secos se conservan indefinidamente en un lugar fresco y seco, siempre y cuando hayan sido comprados en buen estado, es decir debidamente secados (sin rastros de humedad) y sin insectos. Hay que eliminar aquellos que estén en malas condiciones o se vayan deteriorando.

Chiles frescos:

- *Chile güero:* Amarillo o verde claro, en el Sudeste se llama IXCATIC. Aromático, fino, sabroso; se usa en cocidos y guisos o relleno; curtido, en salsas o escabeches. Otros nombres locales: CALORO y CARIBE. El mismo chile seco se llama CHILHUACLE: de color sepia oscuro, ingrediente indispensable del mole negro de Oaxaca.
- *Chile habanero:* El más picoso y aromático, exclusivo del Sudeste. Para pucheros o guisos.
- *Chile jalapeño:* Este chile mide de 4 a 6 cm, es carnoso y de punta redonda. Para escabeche y rellenos.
- *Chile jalapeño pequeño:* Hay variedades de menor tamaño (2 a 3 cm) y mayor picor.
- *Chile japonés:* Parecido al chile serrano, pero más largo.
- *Chile morita seco:* Rojizo, picoso, aromático. Otros nombres son: MORA, CHILAILE.
- *Chile mulato:* Proviene del poblano oscuro. Para adobos, salsas y moles. También se rellena. Otro nombre: CHINO.
- *Chile pasilla:* Es largo, arrugado, rojo oscuro, aromático y con picante dulzón. Para rellenar, o en adobos y salsas. También es llamado ACHOCOLATADO.

- *Chile piquín:* Es el chile más pequeño, más conocido y quizá más picoso. Es de color verde y se vuelve rojo al madurar. Se utiliza para muchas clases de salsas. Otros nombres regionales: chiltepin, pulga, amash (en Tabasco), enano, tichusni (en Oaxaca), guindilla (en España).
- *Chile piquín seco:* Toma color rojo morado. Base de múltiples aderezos, entre ellos la salsa Tabasco.
- *Chile poblano:* Este chile es grande y más o menos verde, el más popular para rellenar: o se corta en rajas o se muele para sopas. Se asa y se pela antes de usarlo.

Chiles secos:

- *Chile guajillo:* Es largo, de piel lisa y gruesa, aromático y carnoso. Se utiliza para salsas y adobos. Cuanto más chico, más pica. Otros nombres: PUYA, COLMILLO DE ELEFANTE.
- *Chile rojo:* Del Sudeste, es base del chilmole.
- *Chile serrano:* Pequeño y puntiagudo, se come solo, en salsas crudas o cocidas, en escabeche y guisados.
- *Chile trompo:* De forma esférica y pequeño. Para salsas frescas. También se llama TROMPITA o BOLA.
- *Chile verde:* Pequeño y puntiagudo, se come solo, en salsas crudas o cocidas, en escabeche y guisados.

Chilmole: Condimento a base de chiles quemados y otras especias, usado en el Sudeste.

Chilorio: Especialidad norteña, de carne desmenuzada y condimentada con chiles y especias.

Chirimoya: Su piel escamosa cubre una pulpa de color crema, de excelente sabor aromático, comparable a un cruce de fresas con piña. Se sirve partida en dos, vaciándola con una cucharilla, o se emplea en ensaladas, tartas, pasteles o helados.

Chocolate: Antes de que entusiasmara a Europa, el chocolate era la bebida maya y azteca. La semilla de cacao se empleaba como moneda de cambio en algunas regiones del estado de Oaxaca.

Chongos: Dulce de leche curtida y cocida con almíbar.

Cilantro: Es una planta de color verde oscuro y de hojas pequeñas ligeramente redondas. Se utiliza mucho en la comida mexicana; tiende a aromatizar con su singular sabor y olor.

Ciruela: Se considera una fruta energética, diurética, desintoxicante y estimulante. La ciruela fresca es deliciosa al natural, cocida sirve para preparar mermeladas, jaleas y compotas. Se utiliza para acompañar la carne de cerdo, la caza y para elaborar salsa agridulce.

Ciruela pasa: Se trata de una ciruela deshidratada, que se consume al natural, cocida o en compota. Se añaden a pasteles y galletas. Estas ciruelas también pueden acompañar al conejo, la carne de cerdo, de ave, de caza.

Clarificar: Dar limpieza a un jugo, caldo o gelatina, ya sea espumándolo, filtrándolo, o con la adición de claras de huevo batidas.

Clavo de olor: Proviene del girasol. Tiene un sabor y aroma fuertes. Se puede adquirir entero o en polvo. Se usa con carnes frías, galletas, pasteles y postres, aderezos para marinar.

Clemole: Salsa de chile y tomate para guisar carnes, aves, mariscos, etc.

Cocada: Dulce a base de pulpa de coco. Especialidad conventual con muchas y deliciosas variaciones.

Cocinar a fuego vivo: El alimento se expone directamente al fuego o está separado de la llama por algo que distribuye el calor de manera uniforme. El fuego es directo cuando se cocina A LA PARRILLA, AL RESCOLDO (bajo cenizas), AL PASTOR, AL ASADOR, CON BROCHETAS, etc. El ahumado es un proceso que se incluye en este grupo. Lo que en otros casos separa el alimento del fuego puede ser una PLANCHA, UN COMAL, PAPEL DE ALUMINIO u otro objeto semejante.

Cocinar al horno (de gas o eléctrico): Tiene múltiples funciones: siempre rodea el alimento, ya sea descubierto, envuelto o tapado, de aire caliente. El horno permite ASAR, TOSTAR, GRATINAR, ESTOFAR, SECAR. etc.

Cocinar bajo tierra: Hay variaciones sobre este método antiquísimo y primitivo. El hoyo en la tierra se calienta con carbón o leña encendidos, o piedras muy calientes; el alimento (carne o pescado) se envuelve en hojas vegetales, se coloca adentro, se tapa el hoyo y se enciende fuego encima. Otra versión del mismo método consiste en enterrar en ARENA el alimento y encender fuego en la superficie.

Cocinar en graso: Todo aquello que se cuece con alimentos grasos.

Cocinar en magro: Proceso de cocción sin elementos grasos.

Coco: Es el fruto de una palmera tropical cuya pulpa se conserva fresca o seca y se guarda en la nevera. Su leche es una bebida refrescante y se utiliza mucho en las cocinas asiáticas. Su aceite tiene un alto contenido de colesterol.

Codcito: Antojito yucateco.

Col: Llamada también repollo, es una de las verduras más utilizadas en México. Es parte importante en sopas, pucheros, pozoles e infinidad de antojitos. Contiene hierro, azufre y vitaminas A, B y C. La col es de difícil digestión y se le reprocha un poco el mal olor que despide durante su cocción. Sin embargo, el azufre la hace buena para las personas con padecimientos reumáticos.

Coliflor: Tiene propiedades semejantes a las de la col. Es igual de indigesta que ésta y un poco menos nutritiva.

Comal: El comal tradicional es un disco de barro cocido que se coloca sobre tres piedras (los TENAMASCLES), entre las cuales se prende un fuego de carbón o leña. Antes de ser usado, hay que «curarlo», o sea frotarlo por ambos lados y varias veces con una mezcla de agua y cal, después de lo cual se pone a secar al sol. Más práctico es el comal de metal, de uso generalizado en México. Es más ligero, no es frágil, se calienta más rápidamente que el de barro y la temperatura se puede graduar fácilmente. Es un disco de lámina de hasta 80 cm. de diámetro. Se limpia con agua y jabón o detergente, y se cura sólo untándolo con unas gotas de grasa. Se oxida fácilmente, de manera que hay que secarlo por completo cada vez que se lava. Existen comales metálicos cóncavos en la parte central. Sirven para freír antojitos en grasa. Antojitos y tortillas se conservan calientes sobre el borde del comal. El comal puede ser sustituido perfectamente, en una cocina moderna, por la plancha de la estufa calentada por gas o electricidad, o hasta por una sartén grande.

Comino: Son unos granitos parecidos al arroz, pero más pequeños y delgados, de color café. Tiene un sabor y olor fuertes. Se usa en algunas salsas mexicanas, quesos, panes, principalmente en la elaboración del pan de centeno. Conservación de los chiles.

Corunda: Tamal típico de Michoacán.

Cremas y sopas: Según decía el gran gastrónomo francés Anselme Brillat-Savarin, el inmortal autor de la *Fisiología del gusto,* la sopa es a la comida lo que la obertura a la ópera, y no se equivocaba, pues una buena sopa predispone los ánimos a seguir disfrutando lo que nos servirán. Además, en momentos de frío, o incluso en días templados, nos deja un mensaje de calor, fragancia y sabor. Desde luego, si servimos una sopa omitiremos las pastas y viceversa. Además, si la sopa es sustanciosa permite una continuación digamos livianita. En cambio, una sopa liviana llana requiere, exige lo que podríamos considerar un plato fuerte (lo cual no significa una comida pesada ni indigesta).

Crémor tártaro: Es un componente de la levadura en polvo. Se debe guardar en un lugar fresco, seco y oscuro. Para obtener 1 y 1/2 cucharadita de levadura, se mezcla una cucharadita de crémor tártaro con media cucharadita de bicarbonato de sodio.

Cristalizar: Fundir azúcar al fuego hasta que esté dura y transparente.

Cuajar: Dejar espesar y solidificar un alimento hasta que pierda toda consistencia líquida.

Cucharas: En una cocina es recomendable tener este número de cucharas y similares: A. Dos cucharas METÁLICAS. B. Varias cucharas de MADERA. C. Uno o dos CUCHARONES DE METAL. D. Una ESPUMADERA. E. Una ESPÁTULA de metal y otra de plástico. F. Un MISERABLE, o sea una lámina de plástico con o sin mango que sirve para raspar toda una salsa o crema del fondo de un recipiente.

Cuchillos: Los cuchillos de acero inoxidable son los mejores (aunque existen otros superiores: los de acero al carbón, sumamente caros). No les afectan la humedad ni los ácidos y se pueden afilar perfectamente. Hay que guardarlos en un soporte donde las hojas queden protegidas. Los cuchillos más necesarios son: EL CUCHILLO DEL CHEF. El cuchillo que más usa el chef profesional, así como el cocinero aficionado, es EL CUCHILLO DEL CHEF. Es el más eficaz y el que demanda el menor esfuerzo para picar, rebanar y cortar de distintas maneras frutas, verduras y carnes. Para usarlo se debe sujetar fuertemente, manteniendo la parte de atrás de la hoja entre el pulgar y el índice. Los demás dedos rodean el mango. De esta manera el control del cuchillo es completo. Además, si el punto donde se aprieta coincide con el punto de equilibrio del cuchillo, la mano se cansa mucho menos. El alimento que se va a cortar se debe asir firmemente con la otra mano, doblando los dedos hacia abajo. En esta posición los nudillos rozan la hoja del cuchillo y sirven de guía para el corte. La parte de la hoja más próxima al mango se usa más que la punta. No hay que levantar el cuchillo más de lo necesario para tener el alimento debajo de la hoja. Hay que trabajar haciendo un movimiento oscilante con la hoja, la cual debe girar sobre su punta. Al cortar los alimentos hay que empujar hacia adelante y hacia abajo. I. Un CUCHILLO DE CHEF, con hoja de 20 centímetros, de uso general. II. Un CUCHILLO PEQUEÑO y de hoja flexible de 15 cm, para deshuesar y filetear. III. Una HACHUELA pesada y rectangular, para cortar huesos. IV. Un CUCHILLO LARGO DENTELLADO, para rebanar pan. V. Una TIJERA robusta. VI. Es indispensable una CHAIRA de acero, que debe ser usada con frecuencia para conservar el filo de los cuchillos.

Cuete: Parte del muslo de la res, algo dura. Uno de sus usos es mechado y asado. Otro, cocido y deshebrado.

Cuitlacoche: Ver huitlacoche.

Curry: Es la mezcla de varias especias en polvo. Sirve para condimentar salsas, arroces, pescados, mariscos y aves.

Decantar: Separar un líquido del poso que contiene, vertiéndolo suavemente en otro recipiente.

Desbarbar: Cortar las aletas de los pescados, así como la barba de los moluscos.

Desecar: Provocar la evaporación del agua de una preparación o de las legumbres, removiendolas con una espátula o cuchara sobre el fuego para evitar que se pegue el alimento.

Desflemar: Remojar las especies (chiles, pimientos, cebollas) en agua con sal o vinagre, etc. Para suavizar los sabores demasiado penetrantes.

Desleír: Mezclar harina y yemas con un líquido frío para añadirlo a una preparación caliente y que no se formen grumos o se corten las yemas.

Despojar: Dejar completamente vaciado y limpio un trozo de carne, ave o pescado.

Ejotes: En España se llaman habichuelas.

Elote: Mazorca tierna del maíz.

Empanizar: Empanar, rebozar con pan.

Enchiladas: Ver tortillas.

Enchilado: Tiene varias acepciones: puede ser enchilado un queso, si está untado con chile; enchilado es un nombre de un hongo comestible muy abundante en México *(Cantharellus Cibarius),* y enchilado es un señor colérico y enojado, o con la boca irritada por comer chile.

Eneldo: Es una planta de hojitas muy finas en forma de plumas. De aroma y sabor muy fino. Se utiliza para sopas, ensaladas, salsas, marinadas, y por su belleza se puede usar como decoración de platos.

Entradas: Generalmente se le llama primer plato de un menú. Son porciones individuales frías o calientes, como volovanes, timbales, etc.

Entremés: Son platos que no están incluidos en el menú. Se sirven antes de la comida y deben ser platos que despierten el apetito sin ser muy abundantes. Pueden ser fríos o calientes.

Epazote: Hierba de olor muy particular, ligeramente picante, ingrediente de muchos guisos y tamales. Se utiliza mucho en la cocina mexicana para la elaboración de salsas para pescados, mariscos, carnes, frijoles. Ingrediente de muchos guisos y tamales. Poderoso antihelmíntico.

Equipo de la cocina mexicana: El equipo de la cocina doméstica no puede ser indicado con exactitud: depende de demasiados factores, entre ellos las preferencias personales de quien cocina.

Escabeche: Adobo con vinagre, aceite, cebolla y hierba de olor.

Escalopar: Cortar las carnes, pescados o legumbres en láminas delgadas, en forma sesgada para lograr una mayor superficie.

Escamoles: Huevos de hormiga, manjar del estado de Hidalgo.

Espárrago: Verdura que ha gozado siempre de un gran prestigio en la cocina internacional por su delicado sabor y ha adquirido creciente aceptación en el México moderno. Los espárragos frescos son de breve temporada, aunque pueden conseguirse enlatados a lo largo del año. El espárrago es bajo en calorías y contiene vitaminas A, B y C. Se digiere fácilmente siempre que no esté aderezado con muchos condimentos.

Espelón: Frijol negro yucateco, especialmente delicioso cuando está fresco, recién sacado de su vaina.

Espesar: Dar más cuerpo a un líquido, mezclándole bolitas de mantequilla amasada, mientras se revuelve constantemente para que quede terso.

Espinaca: Hierba que se puede emplear en sopas, salsas para pasta y guisos, así como también crudas se añaden a las ensaladas; se cuecen entre 1 y 3 minutos.

Espolvorear: Cubrir un alimento con un ingrediente seco, en polvo, como harina sazonada. Esto se hace revolviendo el alimento en un tazón.

Estragón: Es una hoja larga y muy aromática. Se emplea fresco o seco. Se usa para preparar vinagretas y salsas.

Fécula de maíz: Llamada también maicena, se obtiene a partir del almidón de los granos de maíz y no contiene gluten. Como espesante, da una textura suave y ligera a las masas, es utilizada en la cocina china. Para productos de panadería y repostería se debe mezclar con otras harinas.

Finas hierbas: Es una mezcla de perejil, perifollo, cebollinos y estragón finamente picados, utilizada para condimentar platos ligeros como tortillas y ensaladas verdes. Añadidas a una mezcla de mantequilla fundida y zumo de limón, se utilizan a menudo para aromatizar el pescado o la carne a la plancha y en emulsiones a base de mantequilla, como las salsas bearnesa y holandesa.

Flamear: Rociar un platillo o bebida con algún licor, para después prenderle fuego y sellar el sabor o simplemente para darle un toque diferente.

Flan: Postre de preparado con huevos, leche y azúcar batidos y cuajados, en un molde a baño María sobre la estufa o en el horno.

Flor de calabaza: Es una verdura muy frágil que exige ser tratada con cuidado durante su preparación.

Frambuesa: Aunque suelen ser rojas, las frambuesas suelen ser negras, amarillas, naranjas, ámbar o blancas. Son aromáticas, de un sabor un poco ácido y más delicadas que las fresas. El zumo de las frambuesas se añade a los pasteles, flanes, etc.

Freír: Es un tipo rápido y efectivo de cocción. Rápido, porque las grasas se pueden calentar a altas temperaturas; efectivo, porque da un hermoso aspecto a los alimentos. Existen varias modalidades. Los alimentos se pueden freír sin REVESTIMIENTO previo, como se hace con papas rebanadas, carnes, etc. Se pueden PASAR POR HARINA, que al freír les da un aspecto atractivo; esto se hace con pescados, por ejemplo. O se pueden CAPEAR: es éste un método interesantísimo, típicamente mexicano, que se emplea principalmente para chiles rellenos. Se pueden también EMPANIZAR.

Fresas: La antepasada de las fresas de cultivo es la fresa silvestre, pequeña, jugosa y muy sabrosa. Se puede comer sola o también se pueden hacer deliciosos postres con ellas.

Frijoles: Alubias o judías. Uno de los principales alimentos populares de los mexicanos. Hay muchas variedades (bayo, negro, canario, ayacote, meco, catarino) y se prepara de muchas maneras (borrachos, de olla, refritos, colados, charros, enchilados, maneados, puercos, etc.).

Garbanzo: Los garbanzos se preparan como otras legumbres, pero no se deshacen durante la cocción. Su utilización es muy variada. Son deliciosos fríos en ensaladas mixtas; se pueden asar, dejar germinar o transformar en harina.

Garnacha: Ver antojitos.

Gelatina: Sustancia proteínica incolora, inodora e insípida que se obtiene de huesos, cartílagos, tendones u otros tejidos de buey o ternera, o de la piel de cerdo. Cuando se disuelve en agua caliente y luego se enfría, la mezcla se transforma en una masa gelatinosa.

Germen de trigo: Son pequeños copos que se obtienen de triturar el germen de los granos del trigo. Se suele añadir a los postres de frutas y se puede usar como espesante en el pastel de carne.

Glasear: Cubrir la parte superior de una carne con una fina película de caldo reducido a jarabe.

Gordita: Ver antojitos.

Granada: La piel dura y gruesa de color rosa a rojo envuelve unos receptáculos delimitados por membranas que contienen bayas de pulpa roja, dulce y jugosa, con semillas en su interior, que se pueden comer crudas. Las granadas se emplean en ensaladas de fruta, ensaladas verdes mixtas, la carne de ave y el pescado.

Gratín: Cubierta de queso rallado o pan molido que se añade antes de colocar ciertos platillos bajo el asador, a fin de obtener una atractiva costra dorada.

Grosella: Sus bayas redondas suelen ser rojas o negras. Se comen cocidas; dado su sabor agridulce, se añaden a pasteles y tartas.

Guacamole: Puré de aguacate, sazonado con cebolla, chile verde y cilantro picados.

Guajolote: Es el pavo, ave de origen mexicano. La hembra se llama pípila.

Guarnición: Preparaciones que sirven para acompañar un plato, mejorando presentación y sabor.

Guausoncle o huauzontle: Las ramitas de esta planta se capean con huevo y harina, y se fríen. Los botánicos la llaman *CHENOPODIUM BONUS HENRICUS.*

Guayaba: Existen diversas variedades de guayaba, que varían en la forma, el tamaño, el color y el sabor. La pulpa es muy aromática y un poco ácida, por lo que resulta muy refrescante. Esta fruta se consume cruda o cocida y sirve para elaborar platos dulces o salados.

Guisante: Es la semilla fresca de una leguminosa; se pueden comer crudos, pero son más dulces tras la cocción; se pueden añadir a las ensaladas mixtas.

Gusanos de maguey: Se comen fritos y son deliciosos. Los gusanos blancos (meocuil) son más apreciados que los colorados (chilocuil).

Haba: Las habas son legumbres de vainas gruesas y semillas planas de extremos redondeados; son harinosas y tienen un sabor fuerte.

Haba seca: Esta legumbre está deliciosa en sopas y estofados, ya sea entera o triturada. El haba seca se cuece con o sin piel durante dos horas y media.

Harina sazonada: Harina a la que se le añade sal y pimienta

Hicotea: Tortuga de mediana dimensión, especialidad de Tabasco.

Hierro fundido: Es excelente conductor del calor, pesado y durable. Las sartenes de hierro fundido son ideales para TORTILLAS DE HUEVO; después del uso no se lavan, sólo se limpian con papel. Se oxida fácilmente: hay que secarlo con cuidado y conviene engrasarlo ligeramente después de usado.

Hierro fundido esmaltado: Es caro pero probablemente es el material más recomendable. Es muy pesado, es conductor uniforme del calor y es muy fácil de limpiar (con agua jabonosa). Existen utensilios de toda forma y color, y son tan hermosos que se pueden llevar a la mesa.

Hinojo: Sus hojas se utilizan picadas en ensaladas, especialmente las de patatas combinadas con pescado; en salsas para pasta y en platos de arroz. Una capa formada con ramas de hinojo sirve para asar un pescado entero.

Hoja santa: Los botánicos la conocen como una yerba piperácea; el pueblo de México la llama también MOLLO o ACUYO. Es una hoja grande proveniente de un arbusto. Se usa mucho en los platillos de la cocina mexicana para condimentar carnes, salsas, tamales. Tiene excelente olor, que recuerda al del anís; se emplea en muchos guisos.

Hojaldre: Pasta horneada que consta de delgadas capas.

Hojas de plátano: Las grandes y fragantes hojas de plátano se emplean para envolver ciertos alimentos antes de cocinarlos, con lo que adquiere un sabor peculiar. Se usan sobre todo en el sudeste de México. Para suavizarlas se pasan por el fuego rápidamente o se ponen un momento al vapor.

Hornear: Meter una cosa en el horno para asarla, cocerla o dorarla.

Huacal: Caparacho de un ave.

Huauzontle o guausoncle: Las ramitas de esta planta se capean con huevo y harina y se fríen. Los botánicos la llaman *CHENOPODIUM BONUS HENRICUS.*

Huevo batido: Los huevos se emplean también como ingredientes en sopas, aderezos, ensaladas, guisados y repostería. A fin de obtener la textura deseada, existen diversos métodos para batir los componentes del huevo.

Punto de cordón: Se baten las yemas hasta que al levantar el batidor se forma una especie de cordón con las yemas. Éstas deben adquirir un color amarillo fuerte.

Punto de listón: Se baten las yemas hasta que se forma un hilo suave de yema al levantar el batidor.

Punto de nieve: Se baten las claras hasta que espesan suavemente.

Punto de turrón: Se baten las claras hasta que esponjan y se secan relativamente. La clara no debe caer al levantar el batidor. Si lo pide la receta, las yemas se añaden después de obtenido el punto, mezclándose suavemente.

Huitlacoche: Hongo negro que nace en la mazorca del maíz. Alimento exquisito.

Incorporar: Añadir, adicionar. Mezclar un ingrediente, generalmente claras batidas o cremas, sin revolver.

Ixcatic: Chile largo y de color claro, especialidad yucateca.

Jaiba: Crustáceo parecido al cangrejo.

Jalea: Dulce transparente preparado con el jugo de algunas frutas.

Jalebe: Nombre maya del tepescuintle.

Jengibre: Es una raíz que se cultiva en muchos países tropicales. El olor es perfumado, igual que el sabor. Se puede usar fresco o seco en polvo, perdiendo de esta forma su sabor y aroma. Se utiliza en carnes, aves, pescados, mariscos y repostería.

Jícama: Tubérculo de buen tamaño, duro, carnoso, blanco y de sabor fresco: se come crudo, con sal, limón y chile molido. Su nombre científico es *PECHYRHIZUS ANGULATUS*.

Jícara: Vasija hecha con el fruto del jícaro, parecido a la calabaza.

Jitomate: Jitomate mal llamado tomate. Hortaliza mexicana por antonomasia, junto con el chile. Es uno de los más importantes legados de Mesoamérica al mundo con el guajolote, el chocolate y la vainilla. Alimento muy sano, rico en vitamina C y sales minerales, el jitomate es un refrescante y poderoso aperitivo, por lo que se utiliza como ingrediente en muchísimos platillos. Personas con acidez y dispepsia deben comer este alimento con moderación.

Jugo: Zumo.

Jumil o xumil: Insecto comestible: se come crudo (más bien, vivo), o seco y molido. En Taxco Gro. anualmente se celebra la fiesta del jumil.

Laurel: Son unas hojas verde oscuro. Para usarlas deben estar secas; de lo contrario, se les forma moho. Junto con la mejorana y el tomillo son muy populares en México con el nombre de «hierbas de olor». El laurel se usa en una gran variedad de platillos, como sopas, carnes, aves, pastas, etc.

Leche: Es el más completo y equilibrado de los alimentos, exclusivo del hombre en sus primeros meses de vida y excelente en cualquier edad.

Lechuga romana: Es una lechuga con hojas alargadas tersas y muy verdes, cuyo tronco principal es rígido, crujiente y fibroso. Se debe lavar antes de meterse al frigorífico, donde puede estar de tres a cinco días máximo.

Lenteja: Legumbre que se consume desde tiempos prehistóricos; secas se pueden preparar de diversas formas.

Levadura: Ciertos hongos empleados para la fermentación de alcoholes y pastas.

Lichi: Está recubierto de una corteza roja o rosada que se oscurece a medida que la fruta se va haciendo más vieja. La pulpa translúcida es jugosa, crujiente, muy dulce y aromática. En su interior alberga un hueso no comestible; se suele consumir al natural.

Ligar: Dar consistencia a una mezcla o salsa, añadiéndose huevos, grasa derretida o crema.

Lima agria: Cítrico de extraordinario aroma y sabor, típico de Yucatán.

Limón: El limón más común en México es pequeño, verde y muy ácido. En Estados Unidos lo llaman lime (lima). Es ideal, por ejemplo, para preparar ceviches o margaritas. El cítrico que en Europa llaman limón en México se conoce como limón dulce; es amarillo y de mayor tamaño.

Macal: Tubérculo blanco. Muy usado en los pucheros de Yucatán.

Macerar: Tener en remojo un alimento en un líquido —vinagre, vino o jugo de frutas— y con especias durante un tiempo determinado.

Maguey: Agave.

Maíz: Planta sagrada de todas las civilizaciones prehispánicas. Elemento básico de la cocina mexicana, de él todo se utiliza. Los elotes frescos se comen asados o cocidos, solos o con otros alimentos. Con el grano seco y molido se hace la masa que sirve para tortillas, antojitos y tamales. Las hojas sirven para envolver tamales, quesos, mantequilla, etc. Con el cabello se prepara un té diurético.

Mamey: Árbol de origen caribeño, muy común en México, cuyo fruto es carnoso, de color rojizo, dulcísimo y contiene una o dos semillas grandes.

Mancerina: Jícara para chocolate con platito para galletas, invento del padre del virrey Antonio Sebastián de Toledo, marqués de Mancera.

Manchamanteles: Guiso de carne con chiles, frutas y diversas especies.

Mandarina: Se parece a una naranja pequeña un poco achatada. La pulpa dulce, aromática y delicada, es menos ácida que la mayoría de los cítricos. La mandarina se puede consumir tal cual, como postre o tentempié y refrescante.

Mango: El mango puede ser redondo, oval, o presentar una forma arriñonada. La piel es amarilla, verde o de color escarlata. La pulpa es pegajosa y dulce. Se puede comer crudo, sirve para elaborar jugos, mermeladas y otro tipo de postres. También se puede acompañar la carne de ave, pato y cerdo.

Manteca de cerdo: Esta grasa de cerdo fundida es una mezcla de grasas mono y poliinsaturadas. Se emplea para freír, preparar cocidos de col o carne de cerdo, y en repostería.

Manzanas: Existen diversas variedades de manzanas que se pueden utilizar casi en forma ilimitada; se pueden comer al natural, transformarlas en compota o jalea, elaborar postres, etc. La manzana también acompaña al queso, la carne y la morcilla, y se añade a las ensaladas.

Manzanilla: Es una flor silvestre de un centímetro de diámetro aproximadamente; se utiliza para infusión.

Margarina: Mantequilla artificial, compuesta de grasas vegetales.

Margarita: El más famoso de los cócteles con base de tequila (copa y media de tequila, media copa de triple-sec, media copa de jugo de limón; se agita con hielo picado; se sirve en copa bordeada de sal).

Marinar: Poner a reposar un pescado en jugo, vinagre o vino y hierbas de olor por espacio de un tiempo determinado.

Martajar: Moler medianamente grueso.

Mayonesa: La mezcla sin montar es una emulsión de huevo, aceite y vinagre o jugo de limón. Al batirlas constantemente, añadiendo el aceite poco a poco, las partículas de huevo, aceite y vinagre se quedan en suspensión y la mezcla adquiere una textura suave y satinada.

Mechar: Introducir en un trozo de carne pedacitos de tocino, jamón, vegetales o condimentos con la ayuda de un instrumento punzante.

Mejorana: Es una hierba con hojas pequeñas, que se puede usar fresca o seca sin perder su aroma. Se usa mucho en la comida mexicana para aromatizar algún cocido o para salsas.

Melón: Pertenece a la misma familia de los pepinos y la calabaza; se suele comer crudo. El melón puede acompañar al jamón y los embutidos.

Membrillo. No se puede comer crudo; tradicionalmente el membrillo se usa para preparar confitura y jalea. Puede acompañar los platos de carnes y aves.

Menta: Es una planta de hojas verdes ovaladas puntiagudas, su tallo es de color rojizo, que es su principal diferencia a la vista con la hierbabuena. Su sabor fuerte es muy usado en confitería, licores y bebidas en general, además de usarse mucho en la industria alimenticia.

Menudencias: Partes u órganos de animales que pueden ser clasificados como cortes de carne ordinarios.

Menudo: Sopa de mondongo.

Mermelada: La mermelada o la confitura se obtiene por la cocción de frutas en almíbar enteras o troceadas. Las mejores se preparan con frutas ácidas, cuyo contenido en pectina es mayor. Algunas mermeladas y confituras se sazonan, a veces, con especias, alcohol u otras frutas.

Metal esmaltado: Es económico y de poco peso, pero se astilla fácilmente y es mal conductor del calor. Los alimentos se le pegan fácilmente. Recomendable solamente para hervir. Cuando empieza a descascararse se debe desechar.

Metate: El metate es una piedra volcánica rectangular (aproximadamente de 50 centímetros de largo por 30 de ancho) de superficie plana y ligeramente cóncava o curva, que se apoya sobre tres conos invertidos del mismo material, resultando un poco inclinada. Se usa para moler granos (principalmente de maíz), semillas y chiles. Para usarlo, las mujeres se arrodillan y con las dos manos asen el METLAPIL, un rodillo de piedra más grueso en el centro que en los extremos, con el cual estrujan los productos en su superficie. Otro nombre del metlapil es MANO. El metate, aún hoy de uso generalizado en rancherías y pueblos, se reemplaza con el molino manual de maíz, la licuadora o el procesador de alimentos. Además, la industria moderna ofrece muchos productos ya molidos.

Mezcal: Poderoso aguardiente destilado de una variedad de maguey. El proverbio dice: para todo mal, mezcal, y para todo bien, también.

Miel: Sustancia azucarada que fabrican las abejas a partir del néctar de las flores. La miel forma parte de una variedad casi infinita tanto de platos dulces como salados; su ventaja sobre el azúcar es que endulza muchísimo mas, por lo que se consume en cantidades menores.

Milpa: Campo de maíz.

Miltomate: Tomate verde que crece en la milpa. Más suave que el normal.

Mixiote: Hoja del maguey, usada para envolver alimentos y cocinarlos al vapor.

Molcajete: Es un mortero de piedra con tres pies, en el cual se muelen especias, chiles y hierbas. Generalmente ayudándose con un poco de líquido. Para moler, se usa mano, también de piedra, llamada TEJOLOTE o TEMACHIN.

Mole: Los aztecas para decir salsa decían «molli». Hoy por mole se entiende una salsa espesa a base de chiles y especias. Son famosos los siete moles de Oaxaca y famosísimo el mole de Puebla, preparado con treinta y cinco ingredientes y piezas de guajolote.

Mole de olla: Guiso campesino a base de res y elote, bastante caldoso. Se sirve como sopa entre los sabores, predomina el epazote.

Molinillo: Es un artefacto tradicional, compuesto de una sola pieza de madera de aproximadamente 35 centímetros de largo, trabajado en torno. El extremo inferior del palillo se ensancha en forma de esfera estriada, de un diámetro que no deja que salgan los dos o tres anillos que están tallados de la misma pieza. Se rueda entre las palmas de las manos extendidas, y se usa para batir chocolate y atoles, y provocarles la leve espuma que los hace más atractivos.

Molotes: Ver antojitos.

Moronga: Morcilla.

Mostaza: Son semillas que se secan y se muelen para fabricar la mostaza; hay presentaciones de mostaza en polvo y en pasta.

Nance (o nanche): Árbol que crece en los estados de Veracruz y Tabasco, de la familia de las malpigiáceas, cuyo fruto es parecido a la cereza. Su tronco tiene la corteza externa color café oscuro y la interna rosácea, de hojas elípticas, con vellos suaves en el envés, flores amarillas y fruto comestible, pequeño y aromático. La corteza se utiliza en la medicina tradicional.

Naranja: Se puede confitar la cáscara y la pulpa de la naranja o cocerlas para elaborar mermelada. También se extrae una esencia utilizada en la repostería. La naranja añade un toque especial a salsas, verduras, ensaladas de arroz, pollo y mariscos, que combinan bien con el pato, buey y cerdo.

Natillas: Postre preparado con leche, huevos y azúcar. Se come crudo, en jalea, pasta, etc. Y se conserva en alcohol.

Nixtamal: Proceso de «curación» del maíz con cal para la elaboración de tortillas.

Nogada: Salsa de nueces.

Nopal: El cactus que produce las tunas. Quitadas las espinas, las pencas sirven de base para ensaladas y salsas.

Nuez: Es el fruto del nogal. La nuez se come a menudo como tentempié, también se añade a algunos postres y ensaladas y se usa para acompañar al queso y otros platos. También se utiliza como condimento para las salsas elaboradas para acompañar los platos de pasta.

Nuez moscada: Es un grano del tamaño de una nuez pequeña, que una vez seca se muele y se emplea en forma de polvo. Se puede usar en salsas, con verduras, potajes y en repostería.

Obturar: Comenzar a cocinar a fuego vivo.

Olla de presión: Los frijoles son los responsables de la gran difusión del uso de la olla a presión en México. Los frijoles tardan mucho en cocerse, y se comen todos los días en la mayoría de las mesas. A la altura de la Ciudad de México, en olla común los frijoles tardan de dos a tres horas en cocerse; en olla de presión, de 30 a 45 minutos. Resulta enorme el ahorro de tiempo y combustible.

Olla tamalera: Es un invento prehispánico; modernizado, en época reciente es una olla de aluminio bastante honda con una rejilla o una lámina perforada a poca distancia del fondo, y una tapa. Generalmente, está dividida en dos partes separables para facilitar su manejo.

Ollas: Recipiente utilizado para cocer y guisar los alimentos. Es importante conocer las características de los materiales con que se fabrican estos utensilios: aluminio, cobre, hierro fundido, etc.

Orégano: Son hojitas que se emplean generalmente secas; se pueden encontrar enteras o en polvo. Tiene un sabor muy particular, un poco fuerte. Es muy usado en la comida italiana en las salsas para pastas o pizzas, al igual que para vinagretas.

Ostión: Ostra.

Pambazo: Uno de los panes más populares.

Pan dulce: Hay centenares de ellos y tienen nombres curiosos, tradicionales y divertidos: concha, cocol, chilindrina, crema, marquesote, gachupín, guarache, chorreada, trompón, sargento, etc.

Pancita: Tripa.

Papa: Patata.

Papaloquelite: Planta comestible cruda. Pápalotl, en azteca, significa mariposa.

Papatzul (o papazul): Plato finísimo de la comida yucateca. La palabra en maya significa «COMIDA SEÑORES».

Papaya: Esta fruta adquiere un color amarillo, anaranjado una vez madura. Se puede consumir cruda, se puede cocer para elaborar confituras, combina bien con el jamón y el salmón.

Paprika: Un chile cultivado en Europa, principalmente en Hungría, dio una variante de la que salió esta especia. Este chile se seca y muele para usarlo en polvo. Se usa para diferentes guisos de carnes, pescados y salsas.

Pasa: Son algunas variedades de uvas deshidratadas que más se comercializan. Las uvas pasas se emplean como condimento o como ingrediente en un número amplio de comidas. Se añaden a cereales, salsas rellenas de ave, tartas, panes, galletas y bollos.

Pastas: Nadie sabe en realidad de dónde vino la pasta o, mejor dicho, dónde apareció. Los napolitanos han sostenido su paternidad e incluso le han inventado leyendas muy imaginativas, pero poco verosímiles, con el fin de apropiársela más. Pero, aunque seguramente los macarrones no nacieron en el sur de Italia, es allí donde el arte de la pasta alcanzó su mayor exquisitez. Parece más probable que la pasta haya sido un legado de la antigua China, pues Marco Polo se refiere a ella. También se populariza en Grecia, donde seguramente tomó el conocido nombre de macarrón (de makros, largo, y de makares, bienaventurados los difuntos, en cuyo honor se preparaban platillos a base de pasta). Muy probable es que de Grecia haya llegado la pasta a Nápoles, que durante algún tiempo fue colonia del imperio griego. Ya en la historia moderna, la pasta es aceptada ampliamente en España, sobre todo a partir del siglo xvi, época del virreinato español en Nápoles, de donde los españoles la traen a su vez a tierras mexicanas. Diversas formas de pasta, de la gran variedad existente, fueron adaptadas, pues, a la dieta mexicana. La nobleza de esa neutral combinación a base de harina y huevo encontró un acoplamiento perfecto con los ingredientes clásicos de México, haciendo mestizo lo que en un principio fue una aportación eminentemente europea.

Patatas o papas: Tubérculo de una planta original de Sudamérica utilizado para preparar un sinfín de platillos. La patata siempre se consume cocida, ya que está compuesta de un 20 por 100 de almidón no comestible. Se puede cocinar de diversas formas: hervida, cocida al vapor o al horno, frita o dorada, o en forma de puré.

Pejelagarto: Nombre popular del *LEPIDOSEUS VIRIDIS*, impresionante pez de agua dulce, con hocico alargado y puntiagudo, y filas de dientes largos y punzantes, común en Tabasco.

Pelliacada: Ver antojitos.

Peneques: Ver antojitos.

Pepino: Existen diferentes variedades de pepinos; es mejor el pepino verde y duro sin manchas amarillas y de tamaño medio. Cuanto más grandes, es mayor la posibilidad de que sean amargos. En general, el pepino se come crudo, pero también se puede cocer y preparar.

Pepita de calabaza: Es la semilla seca de la calabaza, se utiliza en la elaboración de moles, pipianes y salsas de la cocina mexicana.

Peras: Es una fruta que se puede utilizar casi de tantas formas como la manzana. Se come cruda, cocida, deshidratada y confitada.

Perejil chino: Se usa principalmente para adornar platillos.

Perejil liso: Es un plantita con hojas verdes. El perejil simple se usa en una gran variedad de guisos para aromatizar y dar sabor.

Pibil: Manera clásica de cocinar carnes, envueltas en hojas de plátano, en horno subterráneo (PIB) sin grasas.

Picante: Para el cocinero, los chiles tienen dos cualidades: sabor y picor. El exceso del picante puede, a veces, ocultar el sabor. Se puede decir que el secreto de la cocina mexicana consiste en el dominio y el control de los chiles, en dosificar el picante y equilibrarlo con el sabor. La sustancia que hace picantes a los chiles es la CAPSICINA, que se encuentra en la parte interior (o placenta) de los chiles, en las venas y semillas. La parte carnosa del chile es la que tiene más sabor. El grado de picante del chile se regula como sigue: se emplea con venas, semilla y placenta (o sea, sin limpiarlo), PARA LOGRAR SU MÁXIMO DE PICANTE. Se hierve o se tuesta, después de lo cual se abre y se le quitan venas y semillas, PARA REDUCIR PARCIALMENTE EL PICANTE. Si se conserva parte de las venas y semillas, se aumentará el grado del picante. Antes de utilizarlos, de tostarlos, o pelarlos o remojarlos, se abren y se les quitan venas y semillas: así se logra ELIMINAR TOTALMENTE (O CASI) EL PICANTE. Una vez limpiado el chile, aun con el método anterior, es posible que siga ligeramente picante. Para reducir el picante al mínimo, se remoja.

Piloncillo: Azúcar oscura sin refinar que se vende en forma de cono truncado como subproducto del proceso de refinado. Se sustituye con azúcar morena.

Pimentón: Un chile cultivado en Europa, principalmente en Hungría, dio una variante de la que salió esta especia. Este chile se seca y muele para usarlo en polvo. Se usa para diferentes guisos de carnes, pescados y salsas.

Pimienta: Son semillas redondas pequeñitas y otras un poco más grandes que se pueden usar enteras o en polvo. Según la manera en que son procesadas, se tratará de:

Pimienta blanca: Son los frutos maduros puestos a remojo en agua, que una vez pelados descubren los granos blancos interiores que son secados a continuación. De sabor más suave que la negra, se puede utilizar en encurtidos o en platos de pescado.

Pimienta negra: Son los frutos verdes secados al sol; la piel se arruga y se vuelve negra. De intenso sabor picante, podemos utilizar los granos enteros en caldos y marinadas.

Pimienta verde: Son los frutos recogidos antes de que maduren. Su sabor es algo más suave y frutal, pero no sin el toque picante. Se puede conservar en salmuera o en vinagre. Se puede utilizar en platos de aves, carnes o pescados.

Se puede usar la pimienta en muchísimos platillos, es una de las especias más conocidas.

Pinole: Harina de maíz tostado, o la bebida preparada agregándole agua y batiéndolo, solo o con azúcar, cacao, canela, achiote, etc.

Piña: Anana. Es un ingrediente agridulce común en los platos; sirve para acompañar el pato o la carne de cerdo y se puede añadir en ensaladas de pollo o de gambas.

Pipián: Salsa a base de semillas de calabaza. Hay pipianes verdes o rojos, según el color de la pepita o demás especies que contenga.

Pitahaya: Fruto de un cactus, cremoso, parecido a la tuna.

Plátano: Fruta de amplia producción y variados usos. Las hojas en el Sudeste se emplean para envolver carnes asadas pibil. Las variedades más comunes son: MACHO, grande y consistente; ROATÁN, el más conocido en el mundo; el DOMINICO, pequeño y dulce.

Pomelo o toronja: Su corteza suele ser amarilla o de un tono rosado; la pulpa es amarilla, rosada o roja; se suele comer cruda, también puede acompañar al pato, al pollo, la carne de cerdo; en las recetas se emplea como sustituto de la naranja o la piña.

Poro: De características parecidas a las de la cebolla. También es desinfectante y diurético. Tiene una gran cantidad de vitamina C.

Pozol: Bebida tradicional tabasqueña, a base de masa de nixtamal y agua. Es común dejarla fermentar unos días y aderezarla con sal, pimienta, azúcar o chile. Cuando se le agrega cacao, se le llama CHOROTE.

Pozole: Vigorizante sopa de carne y cacahuazintle, especialidad de Jalisco.

Prensa para hacer tortillas: Si usted desea hacer sus propias tortillas, no hay posible sustituto de la PRENSA PARA TOR-TILLAS. Este ingenioso y sencillo instrumento representa un gran adelanto sobre el método antiguo (y aún hoy ampliamente difundido) de hacer tortillas a mano. Las prensas de MADERA son pintorescas, pero poco funcionales. Las de METAL (hierro fundido) son mucho más prácticas, eficientes y durables. Se hacen de diámetros variables entre 14 y 16 centímetros.

Pulque: Bebida popular ligeramente alcohólica obtenida de la fermentación del aguamiel, o sea el jugo del maguey. Hay pulques «curados» con sabor a frutas, a apio, a chocolate, etc.

Puntos de huevo batido: Los huevos se emplean también como ingredientes en sopas, aderezos, ensaladas, guisados y repostería. A fin de obtener la textura deseada, existen diversos métodos para batir los componentes del huevo.

Punto de cordón: Se baten las yemas hasta que al levantar el batidor se forma una especie de cordón con las yemas. Éstas deben adquirir un color amarillo fuerte.

Punto de listón: Se baten las yemas hasta que se forma un hilo suave de yema al levantar el batidor.

Punto de nieve: Se baten las claras hasta que espesan suavemente.

Punto de turrón: Se baten las claras hasta que esponjan y se secan relativamente. La clara no debe caer al levantar el batidor. Si lo pide la receta, las yemas se añaden después de obtenido el punto, mezclándose suavemente.

Rábano: Es un tubérculo o fruto carnoso subterráneo. Es de color rojo, aunque por dentro de blanco, tiene olor fuerte y sabor picante; se utiliza en muchas ensaladas y para acompañar antojitos mexicanos.

Rajas: Se refiere generalmente a las rebanadas de chile poblano u otro.

Recaudo: Conjunto de especias y otros ingredientes para condimentar carnes o pescados.

Reducir: Hervir un preparado líquido para que, por evaporación, resulte más concentrado y sustancioso.

Rehogar: Dorar en grasa un alimento antes de estofarlo.

Revolcar: Pasar algo por harina y azúcar.

Risolar: Dorar por todos sus lados una carne antes de remojarla o cubrirla para terminar su cocción.

Romero: Es una planta de hojitas muy delgadas con un olor muy aromático. Es preferible utilizarlo fresco que seco, ya que se obtiene mejor sabor. Condimenta perfectamente la carne de cerdo, cordero, pescados; se usa también para darle olor y sabor al vinagre.

Romeritos: Verdura silvestre que se cocina de diferentes maneras.

Rompope: Nutritiva y conventual bebida a base de yemas, azúcar y leche, con algún vino generoso.

Ruda: Se emplea a menudo en ensaladas verdes mixtas.

Sábalo: Pez típico de las aguas de Campeche.

Sal: Se añade a gran parte de la comida, incluso a la dulce, para resaltar su sabor. Variedades: gorda, fina, mineral, marina, de mesa, aromática y de especias.

Sal de ajo: Es una mezcla de ajo deshidratado molido y sal. Se usa para aderezar zumos de hortalizas, salsa para pastas, ensaladas, guisos y sopas.

Salbutes: Antojito yucateco.

Salsa mexicana: Omnipresente combinación de chile verde, jitomate y cebolla, todo ello picado.

Saltear: Dorar un alimento en aceite o mantequilla para sellar los jugos. Aunque se utiliza casi como sinónimo de freír, implica un fuego más lento, a menos que se indique lo contrario.

Salvia: Es una planta con hojas gris verdoso, aromáticas, que se debe usar en pequeñas cantidades. Se sugiere para aderezar pescados, aves, carne de cerdo.

Sancochar: Cocer algo ligeramente sin dejar que llegue a ablandarse.

Sandía: La pulpa de la sandía suele ser roja, aunque a veces suele ser blanca, amarilla o rosada. Esta fruta se suele comer cruda y sirve para elaborar sorbetes.

Sartén: Es un utensilio de cocina, utilizado para los guisos de alimentos. El sartén tiene como singular característica un mango para poderlo tomar y facilitar el uso de éste. Puede ser fabricado de diferentes materiales como pueden ser: aluminio, cobre, hierro fundido, etc.

Sazonar: Poner condimentos a un alimento para darle mayor sabor.

Semilla de alcaravea: Es una semilla muy similar en forma al comino, pero de color entre paja y verdoso. Se utiliza en la elaboración de panes, galletas y dips; también en cocidos de res, cerdo y ternera.

Semilla de amaranto: Es un cereal poco conocido en otros países. Son pequeñas bolitas color paja de poco peso. Por su alto contenido de nutrimentos se está empezando a usar más en la cocina como en pasteles, panes, galletas, dulces (como la famosa «alegría»), así como guarnición para macedonia de frutas.

Semilla de cilantro: Es del tamaño de una pimienta negra. Su origen es mediterráneo. Se utiliza para condimentar varios guisos, así como para vinagretas.

Semilla de girasol: Se utiliza pelada y entera como ingrediente en la elaboración de panes; es fuente de proteínas y fibra.

Semilla de hinojo: Tiene la misma forma que la semilla de alcaravea y el comino, pero de tamaño un poco mayor. Su color es paja claro. Se puede usar entera o partida en las salsas de tomate para el espagueti o pizza, en la preparación de guisos con carne de res o cerdo, con pescados, verduras y lentejas.

Semilla de mostaza: Las semillas blancas se utilizan en la cocina asiática, en encurtidos, marinadas, para condimentar salchichas y en la salsa de mostaza. Las semillas negras se usan en platos picantes y para hacer aceite. La mostaza en polvo es una mezcla de las dos semillas.

Soconostle: Ver Xoconostle.

Sofreír: Freír los alimentos a fuego suave hasta que tomen buen color dorado.

Sopas secas: Aunque parezca contradictorio para muchos, en México tenemos sopas secas. Son, en ocasiones, el primer platillo del menú, sobre todo cuando el clima es tan cálido que no es necesaria la suculenta sopa caldada; son, en otras ocasiones, el platillo que sigue al caldo, sobre todo si se trata de la popular sopa de arroz. Las sopas secas más comunes son, pues, la de arroz, la de pasta y la de tortilla. Según los entendidos, las sopas secas, en especial la de arroz, absorben el exceso de líquido dejado por el caldo o la sopa caldada, preparando así al estómago para recibir los guisos fuertes.

Sopas y cremas: Según decía el gran gastrónomo francés Anselme Brillat-Savarin, el inmortal autor de la *Fisiología del gusto*, la sopa es a la comida lo que la obertura a la ópera, y no se equivocaba, pues una buena sopa predispone los ánimos a seguir disfrutando lo que nos servirán. Además, en momentos de frío, o incluso en días templados, nos deja un mensaje de calor, fragancia y sabor. Desde luego, si servimos una sopa omitiremos las pastas y viceversa. Además, si la sopa es sustanciosa permite una continuación digamos livianita. En cambio, una sopa liviana, llana, requiere, exige lo que podríamos considerar un plato fuerte (lo cual no significa una comida pesada ni indigesta). También se prestará atención al color y a la presentación de la sopa, en la cual podrían sobrenadar elementos visuales y de sabor que le confieren un matiz agradable: perejil muy picado, cuadritos de pan frito y tantos otros creados por la imaginación inagotable de los grandes chefs y las amas de casa.

Tamales: Mezcla de masa batida con grasa, rellena y condimentada a la usanza de cada lugar, envuelta en hoja de maíz o plátano y cocida al vapor.

Tamarindo: Fruto del árbol del mismo nombre. Se utiliza fresco, seco, confitado, en pasta o en almíbar, y sirve tanto de alimento como de condimento. Se añade a salsas, marinadas, guisos, pasteles y golosinas; y acompaña a la carne, o la caza y el pescado. Su acidez acentúa el sabor de la fruta. También se recurre a él para preparar mermeladas, chutneys y bebidas.

Tasajo: Otro nombre de la cecina.

Tatemar: Asar algo hasta que dore sobre un comal, plancha o parrilla.

Tazas de medir: La más popular es la que contiene hasta un cuarto de litro. Es muy útil también la taza de un litro de capacidad.

Tehuacán: Pueblo del estado de Puebla, famoso por sus aguas minerales. En México no se pide una botella de agua mineral, se pide un tehuacán.

Telera: Pan especial para tortas.

Tepache: Refrescante bebida fermentada, a base de piña.

Tepesco: Mezcla de hojas de palma no muy secas y otros vegetales aromáticos, para ahumar carnes y mariscos.

Tepescuintle (o tepesculcle): Roedor del tamaño de un conejo, pero más grueso. Su carne es excelente, común en el sudeste.

Tequila: Aguardiente con denominación de origen, destilado del ágave, una de las glorias de México. Proveniente de Tequila, Jalisco; de ahí el nombre.

Termómetros de horno: Un horno equipado con termómetro (y, aún mejor, con termómetro y reloj) es muy útil. Existen termómetros para medir la temperatura interior del horno y la temperatura de una pieza de carne o ave que se está horneando. Muchos congeladores y refrigeradores tienen medidores de su temperatura interior.

Tomatillo: Hortaliza originaria de México. Es una excelente alternativa para ampliar y enriquecer las utilizaciones del jitomate. Se usa en sopas, guisados típicos, antojitos y para dar variedad a las salsas, vistiendo a todos estos platillos con su vivo color verde. En los campos mexicanos existen cuatro tipos de tomatillo: el de milpa, que es pequeño y ácido; el mediano, ácido; el mediano, semidulce, y el grande, que es dulce y de pulpa blanca. De todo ellos, los más pequeños y ácidos son los que dan mejor sazón a los platillos.

Tomillo: Junto con la mejorana y el laurel se conocen en México como hierbas de olor; por su aroma y sabor es muy apreciado para condimentar potajes, carnes, salsas y verduras.

Tortillas: Sustituyen al pan de trigo; discos redondos de masa de maíz, se tuestan brevemente. Algunas de sus variadísimas utilizaciones:

- Cortadas en cuatro: se doblan y sirven de cuchara. Los mismos triángulos tostados y fritos se llaman totopos.
- Enchiladas: dobladas en dos, mojadas en salsa, acompañadas de pollo deshebrado, queso y crema.
- Tostadas o fritas, crujientes.
- Taco: tortilla enrollada con cualquier relleno.
- Chilaquiles: tortillas de varios días cocinadas en salsa de queso y crema.

Tostadas: Ver aperitivos.

Tostar: Dorar al horno o por medio de brazas la parte exterior de cualquier preparación.

Totopos: Ver tortillas.

Trigo: El trigo es, como el arroz, un alimento básico en la alimentación; se utiliza para la elaboración de harinas d repostería y para los productos de panadería.

Trinchar: Cortar las aves y las carnes ya preparadas.

Tuba: Jugo de palma fermentado, bebida popular en la costa occidental.

Tuna: Oriundo de Sudamérica y traído a Europa por Cristóbal Colón, crece en las regiones mediterráneas. Fruta de l familia del cactus, se debe manipular con cuidado por sus espinas afiladas.

Uchepos: Tamales de maíz tierno, especialidad de Michoacán.

Utensilios:

- LICUADORA. Es casi indispensable.

- BATIDORA (hay cómodos modelos eléctricos muy versátiles); ahorra mucho esfuerzo a los aficionados a las crema chantillí, las mayonesas y los merengues.

- Tres RECIPIENTES para amasar, batir y similares; los de acero son más ligeros, duraderos y prácticos que los de vidric

- Un MOLINO de carne. Manual o eléctrico.

- Un PRENSAPAPAS.

- Un EXPRIMIDOR DE JUGOS. El exprimidor metálico manual que se ve en puestos callejeros y de mercados ha sid considerado tan hermosamente funcional que un ejemplar se encuentra en el Museo de Arte Moderno de Nueva York

- Una TABLA DE AMASAR. Con su RODILLO de madera.

- Una o dos TABLAS de madera o plástico de diferentes medidas para picar, cortar, rebanar y trinchar.

- Un METATE.

- Un MOLCAJETE.

- Un MOLINO PARA NIXTAMAL.

Uva: Es el ingrediente básico del vino y de varias bebidas alcohólicas. Se añade a salsas, rellenos, currys y ensalada mixtas, y sirve para preparar tartas, flanes, mermelada y jalea.

Vaciar: Limpiar el interior de un ave, pieza de caza o pescado.

Vainilla: Otro aporte de México a la repostería del mundo. Es la vaina de una orquídea muy perfumada, que se pued usar en vaina o también en extracto. Se usa mucho en natillas, helados y pastelería en general.

Xoconostle (o soconostle): Variedad de tuna ligeramente agria. Se usa para hacer pucheros.

Xumil o jumil: Insecto comestible: se come crudo (más bien, vivo), o seco y molido. En Taxco Gro, anualmente se cele bra la fiesta del jumil.

Yerbabuena: Es una hierba de color verde oscuro y de hojas muy bonitas, similar a la menta, por lo que suelen con fundirse. Es muy aromática, de sabor ligeramente dulzón. Se utiliza para aderezar ensaladas, salsas, jaleas. Sus hoja frescas se usan mucho para decorar platillos.

Yogur: Leche sometida a la acción de una bacteria inocua, antes se tomaba con miel o mermelada, actualmente s fabrican de varios sabores.

Zacahuil: Tamal de descomunal tamaño, que contiene un cochinillo entero, aves, etc. Se hace para fiestas, o para ven der en porciones, en los estados de San Luis Potosí, Tlaxcala, Veracruz y Tamaulipas.

Zacate: Estropajo de fibras vegetales. Se usa para refregar sartenes, vajillas, y para darse masaje en el baño.

Zapote: Árbol de tierra húmeda y caliente, cuyo fruto deliciosamente dulce tiene carne suave y rojiza. Hay varieda CHICOZAPOTES, ZAPOTE BLANCO, ZAPOTE NEGRO, etc.